WOLFGANG KÖRNER, Jahrgang 1937, lebt nach langjähriger Berufstätigkeit im öffentlichen Dienst als freier Schriftsteller in Dortmund.

Neben zahlreichen Arbeiten für Zeitschriften sowie Rundfunk- und Fernsehanstalten veröffentlichte er essayistische Sachbücher, zahlreiche Erzählungen und mehrere Romane.

Im Rowohlt Taschenbuch Verlag liegt vor: «Der einzig wahre Opernführer» (Wunderlich Taschenbuch 26156).

DER EINZIG WAHRE

SCHAUSPIEL FÜHRER

DAS KLASSISCHE ERBE

VON WOLFGANG KÖRNER

MIT ILLUSTRATIONEN VON
MANFRED LIMMROTH

Wunderlich Taschenbuch Verlag

Neuausgabe Mai 2001

Veröffentlicht im Rowohlt Taschenbuch Verlag GmbH,
Reinbek bei Hamburg, Oktober 1986

Umschlaggestaltung Cordula Schmidt
(Illustration: Klaus Meinhardt / Which Art)
Satz Bembo (Linotron 202)
Gesamtherstellung Clausen & Bosse, Leck
Printed in Germany
ISBN 3 499 26316 5

«Was glänzt, ist für den Augenblick geboren.
Das Aechte bleibt der Nachwelt unverloren.»
(Goethe, *‹Faust›*)

Zwischen Fiesco und Fiasko

Ein erhebendes Vorwort

Irgendwann ist fast jeder soweit: Sei es, er hat durch schieren Zufall erfahren, daß J. R., verglichen mit Jago, als die Liebenswürdigkeit in Person erscheinen muß, und er möchte aus Shakespeare ähnlichen Nutzen für sein Leben ziehen wie aus Dallas, sei es, er hat durch ein irgendwo aufgeschnapptes Zitat (etwa: «Da werden Weiber zu Hyänen», Schiller) im Ehestreit überraschend Punkte gewonnen und wünscht sich mehr von solcher Munition. Voll freudiger Erwartung eilt er festlich gestimmt ins Theater, erwirbt die Eintrittskarte für *‹König Lear›* – und begreift einfach nicht, was auf der Bühne eigentlich vorgeht, wo ein alter Mann und seine drei Töchter auf Rollschuhen herumfahren. Selbst wenn er Teile des Dialogs trotz der lärmenden Rollschuhe verstehen sollte, hilft ihm das nicht viel, denn der Regisseur hat den ersten Akt an den Schluß gestellt, dafür den dritten an den Anfang, und er hat zusätzlich das Stück um zwanzig Minuten gekürzt, damit der Darsteller des König Lear die letzte Straßenbahn noch erwischen kann. Wo bleibt denn da der innere Zusammenhang?

Dieser Schauspielführer will solchen Kollisionen selbst gutwilligster und aufgeschlossenster Theaterbesucher mit dem Geschehen auf der Bühne nicht nur entgegenwirken, sondern zusätzlich dafür sorgen, daß jeder Theaterbesuch, auch der Besuch einer Tragödie (= falsch inszeniertes Stück!) für den Zuschauer zum reinen Vergnügen wird. Er erklärt deshalb die Handlung der wichtigsten der laut Werkstatistik des Deutschen Bühnenvereins noch regelmäßig aufgeführten Theaterstücke nicht nur, sondern er gibt dem Leser ähnlich sensible Verständnishilfen wie zahlreiche Inszenierungen unserer Zeit. Weil durch die unermüdliche Nachbesserung des Kulturerbes notgedrungen oft die wichtigsten Feststellungen der Dramatiker (= Anreger für Regisseure!) wegfallen, sind sie oft besonders zitiert. An welcher Stelle sie der Stückeschreiber seinen Personen in den Mund legt, ist unerheblich; bedeutende Regisseure ändern derlei ohnehin. Wie Schiller ganz richtig sagt: «Die Axt im Haus erspart den Zimmermann!»

Wolfgang Körner, Hamburg
(Nach einer Zadek-Inszenierung)

Nachtrag zum Vorwort

Es gehört zu den Besonderheiten des Umgangs mit dem klassischen Kulturerbe, daß man mit Theatertexten machen kann, was man will, aber nicht mit den Namen von Autoren und Personen. Wer Shakespeare wie Perry Rhodan inszeniert, darf auf Beifall hoffen – wer aber Scha-kes-pe-are statt Schäkspier sagt, erntet nur Hohn. Das vorliegende Werk will auch solchen peinlichen Situationen wehren – daß es darüber hinaus dem *Reader's Digest*-Charakter unseres Umgangs mit der Klassik durch zusätzliche Kurzinformation Rechnung trägt, versteht sich von selbst: «Kurz ist der Schmerz, und ewig währt die Freude!» (Schiller) Fehlt nur noch ein Wort zur Gliederung dieses Buches.

So sehr einig man sich ist, wo die Klassik anfängt (bei den alten Griechen, wo sonst?), so sehr kann man sich darüber

EIN VERWÖHNTES PUBLIKUM IN ATEMLOSER SPANNUNG ZU HALTEN...
...GELANG BISHER NUR WENIGEN MEISTER= REGISSEUREN DES DEUTSCHEN SPRECH= THEATERS.
UNVERGESSLICH, WIE IN SCHILLERS SCHWACHEM »FIESCO ZU GENUA«, BOY GOBERT, DER KÖNIG DER SCHAUSPIELER, IN EINER EINLAGE ALS »PROFESSOR UNRAT« SOLANGE EINE AUFGEBLASENE BRÖTCHEN-TÜTE ZER= PLATZEN ZU LASSEN DROHTE, BIS DEM PUBLIKUM DIE NERVEN ZER= SPRANGEN. - UND - UNTER NICHT ENDEN WOLLEN= DEM BEIFALL - DER EISERNE VORHANG HERUNTER GING.

streiten, wo sie aufhört. Hat Peter Hacks dem nagenden Zahn der Zeit lang genug widerstanden, daß man ihn dazu zählen kann? Auch wenn die Grandezza, mit der sich Hacks in seinen Hausmantel hüllt, an Goethe gemahnt (wie Hacks Stücke), der Autor meint: Nein! Schwieriger ist es mit Bertolt Brecht. Manche Regisseure und Kritiker halten ihn inzwischen für einen Klassiker, aber hat Brecht das verdient? Hoch die Klassiker – damit keiner mehr rankommt? Dem Autor erscheint Brecht noch so frei von der Patina (= Edelrost) der Klassik, daß er ihn noch nicht dazu sortieren möchte. Für ihn hört die Klassik mit Gerhart Hauptmann auf. Trotzdem, sortiert muß werden: Wie jeder Führer kommt auch dieser nicht umhin, so zu tun, als könnte er das Chaos der Welt ordnen. Obgleich die Versuchung groß ist, die Dramen einfach nach ihren Titeln alphabetisch zu sortieren, haben die Texte eines Autors mehr miteinander zu tun, als die tägliche Theaterpraxis vermuten läßt. Deshalb sind die Stücke ihren jeweiligen Autoren zugeordnet und diese in alphabetische Reihenfolge gebracht. Daß Goethe und Schiller, die sich auf dem berühmten Denkmal in Weimar gegenseitig den Ruhmeskranz wegzunehmen versuchen, vom ABC schnöde auseinandergerissen werden, ist leider unvermeidlich; «Das Maultier sucht im Nebel seinen Weg!» (Goethe)

Wolfgang Körner, Stuttgart
(nach einer Neuenfels-Inszenierung)

Aischylos

(Aeschylus, Aischilos; in Schüleraufsätzen auch Eischiller)
lebte von 525 bis 456 v. Chr. und gehört zu den alten Griechen, die das Theater sozusagen erfunden haben. Wenn die Griechen bei den Orgien zu Ehren des Fruchtbarkeitsgottes Dionysos so erschöpft waren, daß sie nicht mehr weglaufen konnten, wurden von einer Art Sprech-Chor in feierlicher Sprache Berichte über wichtige (gewöhnlich blutige) Geschehnisse der Vergangenheit vorgetragen, um zu neuen (meist noch blutigeren) Taten aufzumuntern.

Aischylos stellte dem ersten Vorsprecher einen zweiten und schließlich einen dritten zur Seite, was diese Sprechgesänge auch nicht viel lebendiger machte. Mit Recht nannte man sie Tragödien. Von den hundert «Stücken», die Aischylos schrieb, sind sieben überliefert. Hin und wieder werden sie noch heute aufgeführt, was wenig Sinn hat. Die alten Griechen kannten ihre Götter- und Heldensagen in- und auswendig; sie interessierte nur, was ein Autor jeweils daraus zu machen verstand.

‹Die Perser›

Am Anfang des Stückes sind die persischen Mullahs ziemlich nervös. Xerxes, der damalige Chomeini, führt Krieg. Zwar nicht gegen die gut gerüsteten Iraker, sondern nur gegen die Griechen, aber es kann trotzdem nicht gutgehen, denn das Erdöl wird noch nicht gebraucht.

Die ahnungsvollen Träume der etwas wirren Königinnen-Mutter Altossa nimmt keiner ernst. Erst als ein Bote den Untergang der persischen Flotte und die Vernichtung des Heeres meldet, wissen die Mullahs nicht weiter und zitieren in einer Art spiritistischer Sitzung Xerxes' Vater herbei. Da der tot ist, hat er inzwischen ziemlichen Durchblick. Er kündigt noch schlimmeres Unheil an, und das tritt wie immer ein. Der Geist ist kaum verschwunden, da kommt Xerxes zurück; besiegt, in zerrissener Kleidung und ohne Pfeil und Bogen. Das Stück erreicht seinen Höhepunkt: Alles jammert und klagt, aber das ändert auch nichts mehr.

Kurztext für Nervöse: Größenwahn führt zu Krieg, und der sorgt dann schon dafür, daß die Menschen wieder bescheiden werden.

Für Gebildete: Wahrscheinlich wollte Aischylos die Griechen vor ähnlichen Dummheiten warnen, aber es hat nichts geholfen. Fünfzig Jahre später wurde Athen von Sparta vernichtend geschlagen.

Zitierfähiges: Leider Fehlanzeige.

Aristophanes (Aristofanes)

Auch ein alter Grieche, der kurz nach Aischylos' Tod geboren wurde und sich für die wichtigste und schwierigste aller Kunstformen entschied, für die Satire. Da seine Stücke meist viele Anspielungen auf damals allgemein bekannte Vorgänge enthalten, sind sie heute schwer aufzuführen. Regisseure wagen es trotzdem. Auch zeitgenössische Autoren wie Hacks, Hochhuth oder Lachmann basteln gern dran rum. Die ersten Stücke des A. mußten übrigens unter Pseudonym aufgeführt werden, weil in Athen die Aufführung von Autoren vor derem 30. Lebensjahr verboten war. Wer die frühen Stücke Peter Handkes kennt, der ahnt, warum.

‹Der Frieden›

Ein Weinbauer fliegt auf einem zum Flugzeug mutierten Mistkäfer zu den Göttern, um sich dort über den Krieg zu beschweren. Die Götter hatten den Kriegslärm auch satt und sind aus dem Olymp ausgezogen, ohne eine neue Anschrift zu hinterlassen. Nur der Kriegsgott Mars bewohnt noch das alte Götter-Hotel. Den Frieden hat er in den Schrank gesperrt, und er zeugt gerade einen neuen Helden, der Griechenland den Rest geben soll. Der Weinbauer ist dagegen, ruft alle friedliebenden Stände zusammen, und der Frieden erlebt sein Coming out. (Wir wissen: Nicht für lange!)

Kurztext für Nervöse: Krieg verdirbt alles, auch den Wein.

Für Gebildete: Goethe nannte Aristophanes den «ungezogenen Liebling der Grazien» – schon damals ernteten Anhänger der Friedensbewegung oft Hohn und Spott.

‹Lysistrata›

Auch die Frauen sind der ewigen Kriege zwischen Athen und Sparta überdrüssig, aber sie fliegen nicht zu den Göttern, sondern ihnen fällt etwas Praktisches ein. Lysistrata, der die Liebe sowieso keinen großen Spaß macht, will das Angenehme mit dem Nützlichen verknüpfen: Keine Frau soll mit einem Mann schlafen, bevor nicht endlich Frieden herrscht. Die ziemlich sinnlichen Athenerinnen Myrrhine und Kalonike sind zwar dagegen, aber als die Frauen aus Sparta die Idee auch prima finden, wird sie verwirklicht. Es kommt zur ersten Hausbesetzung der Geschichte; die Frauen ziehen zur Akropolis und verrammeln sich dort. Merkwürdigerweise sind die Greise am meisten gegen diesen weiblichen Zölibat, obwohl die bekanntlich in der Liebe nicht mehr viel bringen. Sie schmeißen Molotow-Cocktails in die Akropolis, um die Damen auszuräuchern, die meisten halten aber durch. Selbst Myrrhine bleibt standfest. Da Männer aber nun mal unheimlich zärtlichkeitsbedürftig sind, schließen sie notgedrungen Frieden, und den Frauen bleibt nichts anderes übrig: Sie müssen wieder mit ihnen schlafen. (Wie die Geschichte so läuft, wahrscheinlich nicht lange.)

Kurztext für Nervöse: Für Frauen sind Ruhe und Frieden immer wichtiger als heiße Liebesnächte.

Für Gebildete: In der Pause überlegen, wie es wäre, wenn Raissa Gorbatschowa ähnliches praktizierte und die Nancy Reagan dem Ronald seine Gummibärchen vorenthielte, bis die beiden Männer endlich abrüsten.

‹Die Vögel›

Pisthetairos und Euelpides (zwei junge Griechen) fühlen sich in Athen nicht mehr wohl, weil ihnen der Leistungsdruck bei den Olympischen Spielen und der antike Konsumterror auf

PETER ZADEK BEI DER REGIEARBEIT AM DEUTSCHEN SCHAUSPIEL=HAUS, HAMBURG, DEN »VÖGELN« VON ARISTOPHANES LEBEN EINHAUCHEND. ER LÄSST DIE VÖGEL ALS SCHWEINE AUFTRETEN,
WODURCH DAS STÜCK EINEN REVOLUTIONÄREN CHARAKTER ERHÄLT. WELCHE VÖGEL ER MIT DEN SCHWEINEN MEINT - UND WELCHE SCHWEINE MIT DEN VÖGELN, WILL DER SUPER-REGISSEUR ALS GEHEIMNIS BEWAHREN. ODER: EINFACH IMMER MAL WAS ANDERES.

die Nerven gehen. Sie kündigen ihre Wohnungen, heben alles Geld von der Bank ab und wollen zusammen mit den Vögeln in deren Reich leben. Das muß man sich etwa so wie Gomera vorstellen, aber noch primitiver. Wie alle Aussteiger werden sie dort nicht gerade begeistert empfangen, doch der Vogelkönig Wiedehopf läßt sich breitschlagen und nimmt sie auf. Anfangs geht das gut. Sie kleiden sich der Landessitte entsprechend in Federfummel, trinken Calvados und hängen an der Beach rum, aber wie das bei Alternativen so ist, nach vier Wochen langweilen sie sich und bauen einen Staat: Wolkenkuckucksheim! Dieser Staat hat es wie alle Staaten in sich. Er liegt zwischen dem Reich der Götter und der Menschen, und damit er sich vom alten Athen unterscheidet, dürfen Politiker und Wissenschaftler nicht rein. Dichter und Kriminalbeamte auch nicht. Es gibt keine Personalausweise, schon gar keine fälschungssicheren. Deswegen funktioniert dieser Staat so gut, daß selbst die Götter dort leben wollen. Zeus kommt mit einigen Kollegen und stellt einen Asylantrag, aber leider hat man vergessen, die Institution Ehe auch abzuschaffen. Am Schluß des Stückes heiratet Pisthetairos eine Jungfrau, und der Dichter deutet uns damit an, wie es weitergeht.

Kurztext für Nervöse: Utopien sind möglich, wenn man nicht heiratet.

Für Gebildete: Die Bezeichnung «Wolkenkuckucksheim» für kühne Utopien entstammt diesem Stück.

Zitierfähiges: «Wer hat die Eule nach Athen gebracht?»

Beaumarchais, Caron de (etwa: Bomarchee)

führte von 1732 bis 1799 als Uhrmacher, Geheimagent, Spekulant und Prozeßvertreter ein voll erfülltes Leben. Nachdem sein zweites Theaterstück (‹*Die beiden Freunde*›) völlig in die Hose gegangen war, löste er sich von seinem Vorbild Diderot und fand mit Molière einen besseren Lehrmeister. Als er sich in Madrid mit dem Verführer seiner Schwester, dem spanischen Autor Clavijo, duellierte, machte Goethe schnell sein Drama ‹*Clavigo*› daraus, aber das gefiel Beaumarchais nicht. Wie jeder echte Dramatiker hielt er seine eigenen Stücke für viel besser.

‹Der Barbier von Sevilla›

Im Hinblick darauf, daß der Respekt des Bürgertums vor dem Adel auch nicht mehr ist, was er einmal war, hat es ein Graf namens Almaviva schwer, an eine Kleinstadtschöne heranzukommen, die das Schicksal nicht nur mit dem scheußlichen Vornamen Rosine gestraft hat, sondern auch mit ihrem Vormund Dr. Bartolo. Der möchte nicht nur, wie bei Ärzten allgemein üblich, seine Patienten unter die Erde bringen, sondern auch Rosine, denn sie hat Geld, und er will sie deshalb heiraten. Der Graf weiß nicht mehr, was er machen soll, da erinnert er sich an seinen früheren Diener Figaro. Dessen überragende Intelligenz wird schon dadurch bewiesen, daß er sich (nach dem Abschied vom Grafen) für den Beruf des Friseurs entschieden hat und nicht etwa für den des Dramatikers oder Schauspielers. Er weiß, daß für die meisten Menschen nun mal wichtiger ist, wie es auf ihrem Kopf aussieht als im Kopf, und er hat auch für seinen alten Chef prima Ideen.

Er gibt Almaviva Tips, wie er sich erst als Soldat mit Einquartierungsschein und dann als Musiklehrer in Dr. Bartolos

Haus schleichen kann, was nur kurzfristig gelingt. Die Einquartierung wird Bartolo schnell los, und daß alle Musiklehrer mit ihren Schülerinnen fummeln, weiß selbst ein Schulmediziner mittlerweile. Als echter Friseur hat Figaro immer noch einen Trick in Reserve, und mit List und Tücke sorgt er dafür, daß Rosine nicht mit dem Arzt verheiratet wird, sondern mit dem Grafen.

Kurztext für Nervöse: Cleverer Friseur rächt sich an früherem Arbeitgeber und treibt diesen an Stelle eines Arztes in die Ehe.

Für Gebildete: Im 18. Jahrhundert galt es noch als ausgesprochen kühn, den Bürger Figaro als dem Grafen überlegen darzustellen. Daß Beaumarchais recht hatte, beweist die Geschichte. Fünfzehn Jahre nach der Uraufführung des ‹*Barbiers*› wurde Ludwig XVI. zu Paris geköpft; er ging zu selten ins Theater, und das ist immer ein Fehler.

Zitierfähiges: «Wer, zum Teufel, wird denn hier betrogen?» – «Und wenn ich nun besser wäre als mein Ruf?» – «Verleumdet nur, es wird stets etwas haftenbleiben!»

‹*Der tolle Tag oder Figaros Hochzeit*›

setzt den ‹*Barbier*› sozusagen fort. Figaro hat (wahrscheinlich nach einer Steuerprüfung) das Friseurgewerbe aufgegeben und ist wieder Kammerdiener bei Almaviva. In dessen Schloß begegnet ihm die Zofe Suzanne, und er möchte sie heiraten. Noch einmal meint es das Schicksal gut mit ihm und will ihm die Ehe ersparen, denn auch der Graf ist seine Rosine inzwischen leid und möchte Suzanne zu seiner Mätresse machen.

Figaro erkennt diese Chance nicht. Er trotzt dem Grafen nicht nur die Erlaubnis zur Heirat ab, sondern bringt ihn mit seinen üblichen cleveren Tricks auch noch dazu, auf das «jus primae noctis» (= dt. etwa: Jux der ersten Nacht) zu verzichten.

Kurztext für Nervöse: Graf nimmt an, er könne mit mehreren Frauen schlafen, und macht die schmerzliche Erfahrung, daß solches auch Adligen nur noch möglich ist, wenn die Frauen es so wollen.

Für Gebildete: Marie-Antoinette amüsierte sich bei einer Privataufführung dieses Stücks in ihrem Lustschloß Trianon königlich. Auch sie begriff nicht, was auf der Bühne eigentlich passierte, und wurde geköpft. Damit es dem Leser nicht auch so ergeht, sind in der vorstehenden Inhaltsangabe alle Nebenhandlungen gestrichen. Die Komponisten Rossini und Mozart haben diese beiden Stücke für Opern ausgeschlachtet; vgl. *‹Der einzig wahre Opernführer›*.

Georg Büchner

lebte von 1813 bis 1837, studierte Zoologie und Medizin, schrieb seine Dissertation über das Nervensystem der Barben und ärgerte sich über die gesellschaftlichen Zustände so, daß er sie durch Kunst verändern wollte. Das hat noch nie funktioniert, aber immer die Künstler ins Elend gebracht. Büchner hat sein gesamtes literarisches Werk in einem Dreivierteljahr seines kurzen Lebens geschrieben, und das ohne Wordprozessor. Vielleicht war sein Immunsystem deshalb so geschwächt, daß er mit 25 Jahren an Typhus starb. Ein Teil seiner Manuskripte ist verloren; Büchners Braut Wilhelmine Jaegle hat sie wegen «atheistischer Äußerungen» weggeschmissen. Auch so bekommt man einen Platz in der Literaturgeschichte.

‹Dantons Tod›

schildert das Ende eines Revolutionärs, der im Laufe einer Revolution damit aufhören möchte. Er zieht es vor, gut zu essen und mit seinen Geliebten zu schlafen. Seine Kollegen Robespierre und Saint-Just haben aber an Frauen und guter Küche weniger Spaß als an der Revolution und wollen weitermachen. Deshalb lassen sie Danton hinrichten – auf jener Guillotine, die er als Justizminister selbst eingeführt hat. Seine Frau begeht nur Selbstmord.

Kurztext für Nervöse: Revolutionen und gute Küche vertragen sich schlecht. (Spezialtip: Wie bei jeder Revolution wird auch in diesem Stück viel diskutiert. Wer das für langweilig hält, dürfte bei Dantons Tod einschlafen.)

Für Gebildete: Quizfrage – weshalb sterben in Deutschland die Büchners und Kleists immer so früh, während die Goethes und Hauptmanns so alt werden?

Zitierfähiges: «Die Tugend muß durch den Schrecken herrschen.» – «Ich will lieber guillotiniert werden als guillotinieren lassen.» – «Ich weiß wohl – die Revolution ist wie Saturn, sie frißt ihre eigenen Kinder.» – «Die Welt ist das Chaos.»

‹Leonce und Lena›

Leonce ist von Beruf Prinz, und da es den Jet-set noch nicht gibt, der die Leiden solch bedauernswerter Söhnlein vom fertigen Gelde heute mildert, langweilt Leonce sich so sehr, daß er Sandkörner zählt. Sein Freund Valerio hilft ihm bei dieser anstrengenden Tätigkeit. Der König will etwas Abwechslung in das Leben seines melancholischen Prinzen bringen und ihn mit Lena verheiraten, einer Prinzessin aus dem Nachbarreich, aber Leonce weiß, was in den meisten Ehen los ist, und er flüchtet, wie von Furien (= griechische Rachegöttinnen) gehetzt, in den Wald. Dort trifft er eine Klassefrau, und die beiden fahren sofort voll aufeinander ab. Wie alle, die richtig leidenschaftlich sind, kommen sie nicht dazu, miteinander zu reden, und so erfährt Leonce nicht, daß seine aufregende Playmate Prinzessin Lena ist, die wie er vor der drohenden Ehe flüchtete. Resignierend fügen sich die beiden schließlich dem Willen ihrer Eltern und heiraten; die Ehe bewirkt wie immer Wunder; Leonce kann wieder Sandkörner zählen, aber jetzt hilft ihm wenigstens eine nicht minder gelangweilte Frau dabei.

Kurztext für Nervöse: Ehe erledigt schnell und wirksam jede Liebe.

Für Gebildete: Bloß nicht über das Stück mit der eigenen Ehefrau reden! Richtige Eheleute verstehen einander (und dieses Stück), ohne daß es vieler Worte bedarf.

‹Woyzeck›
ist die Geschichte eines Soldaten, der, wie die meisten, mit seinem Sold nicht umgehen kann und deshalb neben dem Wehrdienst auch noch jobben muß. Am Anfang des Stücks rasiert er seinen Hauptmann artig, ohne ihn bei dieser Gelegenheit mindestens einmal zu schneiden, und der Hauptmann verspottet ihn deshalb nicht nur ob seiner Dummheit, sondern hält ihm auch noch einen moralischen Vortrag, weil er unverheiratet mit Marie zusammen lebt. In der Tat ist Woyzeck so verschwenderisch, daß er sogar ein Kind mit ihr hat. Zusätzlich ist er auch noch körperlich geschwächt; er dient der Pharma-Industrie als Testperson. Die möchte nämlich gerade herausfinden, wie lange ein Mensch ausschließlich von Erbsen leben kann. Kein Wunder, daß Marie unter solchen Umständen die Beziehung mit Woyzeck in Frage stellt und ein Verhältnis mit einem Tambourmajor beginnt, der mehr Freude in ihr Leben bringt. Woyzeck ist, körperlich wegen der Erbsen und seelisch wegen der Dummheit, zu echter Liebe unfähig. Anstatt sich darüber zu freuen, daß wenigstens Marie endlich glücklich ist, fängt er eine Wirtshausprügelei an, ersticht seine Geliebte am Rande eines Teichs und geht dann in denselben, wo er ertrinkt; auch zum Schwimmen ist er längst zu schwach.

Kurztext für Nervöse: Ein zur Lösung finanzieller und psychischer Probleme unfähiger Chefneurotiker bringt aus Eifersucht erst seine Geliebte, dann sich um.

Für Gebildete: Das nur als Fragment erhaltene Stück ist das erste Sozialdrama der deutschen Geschichte. Wie alle Sozialkritik bereitet es dem Theater große Probleme; es ist schwierig, Elend auf der Bühne so darzustellen, daß es das Elend im alltäglichen Leben wirkungsvoll übertrifft.

Zitierfähiges: «Oh, er ist dumm, ganz abscheulich dumm! – «Er ist ein guter Mensch ...» – «Er kriegt Zulage, halt Er sich brav ...»

Euripides

lebte von 480 bis 406 v. Chr. und gehört, wie der Name schon erkennen läßt, zu den alten Griechen. Mit scharfsinnigen Philosophen wie Sokrates befreundet, hielt er sich weniger an den mythischen Schicksals- und Götterglauben seiner Zeit, sondern an den klaren Menschenverstand. Wie alle Autoren, die sagen, was Sache ist, wurde er nur mit lächerlichen vier Literaturpreisen ausgezeichnet, hatte dauernd Krach mit seinen angepaßteren Kollegen und emigrierte schließlich verärgert aus Athen nach Mazedonien. Von seinen 92 Dramen sind 18 erhalten; sie wurden immer wieder von anderen Autoren bearbeitet, nachgedichtet, aktualisiert oder ausgeschlachtet.

‹Medea›

Am Anfang erfahren wir aus dem Prolog (= Vorspruch) einer Amme, daß sich Medea in der Vergangenheit so benommen hat, wie es ein richtiger Mann von einer Frau mit Fug und Recht erwarten kann. Sie hat dem Griechen Jason in ihrer Heimat Kolchis geholfen, das Goldene Vlies (= Schafsfell voll Goldkörner) zu gewinnen, und ist ihm dann in seine Heimat Korinth gefolgt. Weil ihre Familie Jason nicht mochte, hat Medea bei der Abreise aus Kolchis den eigenen Bruder in Stücke geschnitten und ins Meer geworfen, um den verfolgenden Vater aufzuhalten. Sie hat sich von Jason willig zur Mutter zweier Kinder machen lassen und ihn geheiratet – ihr Verhalten könnte als vorbildlich gelten, würde sie sich nicht plötzlich völlig unverständlich aufführen. Als der Grieche Jason, wie deutsche Männer, die eine Thai geheiratet haben, nach einigen Jahren Ehe bemerkt, daß Sex allein auf Dauer keine Brücke zwischen Angehörigen verschiedener Kulturen bauen kann, packt sie nicht stillschweigend ihre

Koffer, um mit ihren Kindern in ihre Heimat zurückzugehen, sondern sie sorgt für Randale in Korinth. Sie macht Jason das Leben zur Hölle, geht ihm auf jede nur vorstellbare Weise auf die Nerven und verschwindet nicht einmal, als Jason Kreusa heiratet, die jüngere und kultiviertere Tochter des Königs von Korinth. Obwohl Jason ihr sogar Geld und einen Flugschein anbietet, geht Medea nur zum Schein auf dieses großzügige Angebot ein. Sie tut so, als wäre sie zur Abreise entschlossen, schickt Jasons neuer Frau und deren Vater als Abschiedsgeschenk kostbaren Schmuck. Aber an dem haben die Empfänger nicht lange Freude. Er ist mit einem schnell wirkenden tödlichen Kontaktgift bestrichen, das sie umbringt. Danach kommt Medea endlich wieder zu Verstand. Sie tötet ihre beiden Kinder und besteigt den Wagen des Sonnengottes Helios, den die Regie durch eine Boeing 747 andeuten kann. Mit ihm fliegt sie nach Korinth zum dortigen König Aigeus, der noch nie mit einer Frau aus Kolchis geschlafen hat und herausfinden möchte, ob Elysium, die Insel der Seligen, wirklich unter den Röcken der Kolcherinnen verborgen ist, was die Männer in Korinth am Tresen regelmäßig behaupten.

Kurztext für Nervöse: Männerphantasien werden von gefühlloser Barbarin durch rohe Gewalt zerstört; fünf Tote.

Für Gebildete: Das giftige Alkaloid der Herbstzeitlose heißt nach der Heimat der Medea Kolchizin. Es hat aber keinen Zweck, aus Blumenzwiebeln eine Suppe zu kochen und den Federhalter eines unbeliebten Vorgesetzten damit zu bestreichen.

Zitierfähiges: «Ach wie furchtbar ist alles Begehren im menschlichen Dasein.» (Wie wahr, wie wahr!)

Goethe, Johann Wolfgang von

lebte von 1749 bis 1832 und hat für Gedichte, Romane, Reiseberichte, Theaterstücke, naturwissenschaftliche Arbeiten usw. ungeheuer viel Papier verbraucht und zahllose Frauen verschlissen. Der Sproß einer wohlhabenden Frankfurter Bürgerfamilie war, besonders für die damalige Zeit, ungemein clever. Beim Anblick des Münsters (= Dom) in Straßburg, wo er Jura studiert, beschließt er, ähnlich bedeutende Werke zu schaffen, und das tut er dann auch. Seine Prosaarbeit ‹*Die Leiden des jungen Werther*› wird ein voller Erfolg; viele ihrer Leser nehmen sich nach der Lektüre das Leben. Klug, wie Goethe ist, hat er meist gut bezahlte Beamten- oder Ministerstellen, die er immer wechselt, wenn er vor lästig gewordenen Geliebten flüchten muß. Seine Verlobte Lili Schönemann wird er noch durch einen Umzug nach Weimar los – vor der (verheirateten) Freifrau von Stein flieht er bis nach Italien, wo er sich nicht nur von Tischbein malen läßt, sondern auch die Kultur der Antike entdeckt, der er künftig nacheifert. Wieder in Weimar, lernt er Christiane Vulpius kennen, schwängert sie und heiratet sie nach angemessener Bedenkzeit, als der gemeinsame Sohn sechzehn Jahre alt ist. 1794 freunden sich Goethe und Schiller an, da Goethe seit 1791 der Leiter des Weimarer Hoftheaters ist. Von jenem denkwürdigen Augenblick an schreiben Goethe und Schiller bis zu Schillers Tod um die Wette. Goethe führt Schillers Dramen auf, Schiller gibt Goethe Tips für seine Stücke und Romane. Modernere und kühnere Autoren (Kleist!) werden fertiggemacht; noch heute gelten Goethe und Schiller deshalb als die deutschen Klassiker schlechthin.

‹Egmont›
fängt damit an, daß Leute mit der Armbrust schießen, der Zuschauer hat sich aber trotzdem nicht in eine Wilhelm-Tell-Aufführung verirrt, sondern alles hat seine Richtigkeit. Bei den freiheitsliebenden Schützen handelt es sich nicht um Schweizer, sondern um Niederländer. Die sind verärgert, weil sie lieber vom einheimischen Grafen Egmont regiert werden möchten als von Margarete von Parma, die der spanische König Philipp als Regentin eingesetzt hat. Dieser Regentin ist Egmont auch sympathisch. Weil das für einen richtigen Helden noch nicht genug ist, führt uns Meister Goethe danach in die Wohnung eines gewissen Klärchens. Die ist Egmonts Geliebte und will von einem biederen Bürger namens Brackenburg nichts wissen, da der Volksheld Egmont nun mal das gewisse Etwas hat. Klärchens Mutter weiß, daß Strahlemänner alles andere als gute Ehemänner sind, aber Klärchen hört nicht auf die mütterlichen Warnungen und ist deshalb am Ende des Stückes tot.

Vorher aber passiert noch eine ganze Menge. Zuerst will ein Taugenichts das Volk zum Aufstand gegen die Fremdherrschaft aufstacheln. Es kommt zu einer schönen Schlägerei. Dann erscheint Egmont und stiftet Ruhe. Sein nachdenklicher Freund Wilhelm von Oranien traut den Spaniern nicht über den Weg und rät Egmont, zusammen mit ihm das Land so schnell wie möglich zu verlassen. Egmont will aber lieber ein nasser Held sein als ein trockener Feigling. Er läßt seinen Freund allein flüchten und eilt zu Klärchen. Das ist ein Fehler. Kaum liegt er in ihren Armen, schon löst der düstere Herzog Alba die milde Margarete von Parma als Statthalterin ab, und seine Soldaten benehmen sich in Brüssel etwa so wie 400 Jahre später englische Fußballfans. Egmont ist wie die meisten Helden ziemlich naiv. Er eilt zur Begrüßung des neuen Statthalters in dessen Schloß, läßt sich dort zu unüberlegten

Äußerungen reizen und wird prompt verhaftet. Als Klärchen das erfährt, wird sie zu einer richtigen Kläre. Sie versucht, die Niederländer zum Volksaufstand zu überreden, und als die, klüger als die Ungarn 1956, kein Blutbad wollen, bringt sie sich um: Eine richtige Geliebte eines Helden will nun mal nicht ohne denselben schlafen.

Egmont kann sich nicht lange über diese seltsame Auffassung von Treue Gedanken machen. Er bekommt sein Todesurteil überbracht und nimmt gerührt zur Kenntnis, daß ihn auch Ferdinand, Herzog Albas Sohn, als Helden bewundert. Helfen kann ihm das auch nicht mehr, aber es verschafft ihm in der Nacht vor der Hinrichtung wenigstens einige schöne Visionen. Die Freiheit tritt persönlich auf, sieht wie Kläre aus und verkündet ihm, sein Tod werde den Niederländern die Freiheit verschaffen. Egmont glaubt ihr, tritt seinem Henker mutig und gefaßt entgegen und spricht ein pathetisches Schlußwort: «Ich sterbe für die Freiheit, für die ich lebte und focht und der ich mich jetzt leidend opf're.» Goethe hat recht: Wahrlich, ein Trauerspiel!

Kurztext für Nervöse: Niederländischer Graf hält sich als Angehöriger des Adels für unantastbar und erfährt schmerzlich, daß Macht vor Recht geht. Zwei Tote.

Für Gebildete: Goethe begann die Arbeit an diesem Drama 1775 in Frankfurt und schloß sie erst 1787 in Rom ab; damals konnten sich Autoren noch glatt zwölf Jahre Zeit für ihre Stücke lassen – vielleicht werden sie deshalb noch heute aufgeführt.

Zitierfähiges: «Das ist ein fremder Tropfen in meinem Blute» – «Himmelhoch jauchzend / Zum Tode betrübt, / Glücklich allein / Ist die Seele, die liebt» – «Süßes Leben!» – «Ich versprach dir, einmal spanisch zu kommen» (??)

‹Faust I›

Nach dem Vorspiel, bei dem sich (wie üblich) Autor, Schauspieler und Regisseur streiten, wie das Stück aufgeführt werden sollte, setzt sich der Regisseur einmal mehr durch, und das Drama beginnt in einer Art Laboratorium. Dort sitzt der Natur- und Geisteswissenschaftler Heinrich Faust und erklärt seinem Assistenten Wagner, daß er nicht mehr weiterkommt mit seinen Forschungen. Als echter Generalist hat er seine Tätigkeit auf alle Gebiete ausgedehnt und ist auch auf allen Gebieten gescheitert – vermutlich hat man ihm deshalb den Forschungsetat zusammengestrichen. Da es amerikanische Universitäten, zu denen solche hochbegabten Leute heute gewöhnlich abwandern, noch nicht gibt, will sich Faust umbringen. Die Osterglocken läuten aber, Faust guckt neugierig aus dem Fenster und bemerkt zu seiner Verblüffung, daß es in Deutschland ausnahmsweise nicht regnet. Er riskiert einen Spaziergang, und der stimmt ihn um. Stiefmütterchen, Primeln und vor allem Narzissen blühen, und da will er noch nicht sterben. Er beginnt mit einer neuen Übersetzung des Johannes-Evangeliums, und dabei kriegt er prompt wieder Depressionen. Da kommt ihn Mephisto besuchen, ein intelligenter und welterfahrener Drogendealer. Der hat so viel Schnee, daß er sich sogar im Gesicht damit pudern kann. Die beiden plaudern über Gott und die Welt. Dann merkt Mephisto, wie schlecht Faust drauf ist, und spendiert ihm ein leichtes Barbiturat.

Als der Gelehrte wieder halbwegs wach und entspannt ist, schließen die beiden einen Vertrag. Faust soll mit seinen Forschungen aufhören, Mephisto will für jede Menge Action und Drogen sorgen. Sofort wirft Faust LSD ein und erlebt in Auerbachs Keller seinen ersten Trip, bei dem er die schöne Helena zu sehen glaubt und sich, typisch für LSD, wesentlich verjüngt fühlt. Nach dem Trip treffen die beiden zufällig

MEISTER-REGISSEUR NOELTE LIEFERTE UNLÄNGST IN DER HERSFELDER STIFTSRUINE EINE SO FEINSINNIGE INSZE= NIERUNG VON GOETHES „FAUST II" AB, SODASS, AUF WUNSCH DES REGISSEURS, DIE PREMIERE – SOWIE WEITERE 10 AUFFÜHRUNGEN – UNTER AUSSCHLUSS STÖRENDEN PU= BLIKUMS STATTFANDEN.
REGISSEUR NOELTE WEIST DIE STATISTERIE FÜR DEN HUMMEL= FLUG IM OSTER= SPAZIERGANG EIN.

Gretchen. Obwohl die ein schlichtes Gemüt ohne jede Drogenerfahrung ist, fährt Faust voll auf sie ab. Der Realist Mephisto versucht, die einfältige Schöne mit Hilfe eines kostspieligen Schmuckstücks für ihn rumzukriegen, und das stiftet Gretchens noch einfältigere Mutter tatsächlich der Kirche. Doch dann bedarf es des Schmuckstücks überhaupt nicht. Gretchens Nachbarin, Marthe Schwerdtlein, ist Mephisto so gewogen, daß sie ihren Garten bereitwillig zum Kontakthof umfunktioniert. Dort läßt sich Gretchen sofort von Faust küssen. Jetzt möchte Faust Mephisto loswerden, aber er braucht ihn noch, um Gretchens mißtrauische Mutter ruhigzustellen. Die leidet unter Schlaflosigkeit. Mephisto hilft wieder mit einem Downer aus. Die alte Frau hat leider keine Drogenerfahrung und stirbt an einer Überdosis. Gretchens Bruder hält Mephistos Dosierungsfehler für vorsätzlichen Mord und will ihm ans Leder. Obwohl Mephisto eindeutig in Notwehr handelt und ihn nur deshalb umbringt, müssen Faust und er fliehen. Gretchen hat in der Kirche erste Entzugserscheinungen. «Nachbarin! Euer Fläschen.» ruft sie verzweifelt, aber weil da nur Parfüm drin ist, fällt sie in Ohnmacht.

Faust ist als Gelehrter dem wirklichen Leben so wenig gewachsen, daß er schon nach zwei Todesfällen, an denen er juristisch völlig unschuldig ist, die Nerven verliert und Depressionen bekommt. Wieder will ihn sein Freund Mephisto aufheitern. Er füllt ihn bis über beide Ohren mit Coke und nimmt ihn zum Brocken in eine Spitzen-Disco mit, wo wirklich endlich mal was los ist, aber das hilft nichts.

Faust will zu seinem Gretchen. Die sitzt inzwischen im Knast. Frei von jeglicher Kenntnis der Empfängnisverhütung hat sie ein Kind geboren und es sofort nach der Geburt umgebracht. Faust und Mephisto wollen sie aus der Zelle befreien. Da erweist sich, daß Gretchen nicht nur als schlicht und einfach dumm gelten muß, sondern es stellt sich heraus, daß sie echt geistesgestört ist: Sie gibt Faust die Schuld an der insgesamt wohl als mißglückt zu betrachtenden Beziehung und schreit: «Heinrich, mir graut's vor dir!»

Kurztext für Nervöse: Deutscher Hochschulgelehrter bewältigt mit Psychopharmaka erfolgreich Midlife-crisis.

Für Gebildete: Goethe bastelte fast das ganze Leben an der alten Faust-Sage herum. Das Stück geht in einem II. Teil weiter, aber der ist so mit Philosophie überfrachtet, daß er sehr selten und nur von sehr sadistischen Intendanten auf den Spielplan gesetzt wird.

Zitierfähiges: Bei Goethe und Schiller oft jede Menge! – Deshalb lieben wir ja unsere Klassiker so; wir treffen bei jeder Aufführung alte Bekannte wieder, können nachdenklich mit dem Kopf nicken und uns gebildet fühlen. Hier eine Auswahl der schönsten Perlen dieses Kunstwerks: «Auf, bade, Schüler, unverdrossen / Die ird'sche Brust im Morgenrot!» – «Da steh ich nun, ich armer Tor! / Und bin so klug als wie zuvor.» – «Es erben sich Gesetz' und Recht / Wie eine ew'ge Krankheit fort.» – «Grau, teurer Freund, ist alle Theorie / Und grün des Lebens goldner Baum.» – «Den Teufel spürt das Völkchen nie, / Und wenn er sie beim Kragen hätte.» – «Uns ist ganz kannibalisch wohl / Als wie fünfhundert Säuen.» – «Die Kirche hat einen guten Magen.» – «Ihr Mann ist tot und läßt Sie grüßen.» – «Wer vieles bringt, wird manchem etwas bringen.» – «Sucht nur die Menschen zu verwirren, / Sie zu befriedigen, ist schwer!» – «Die Botschaft hör' ich wohl / allein mir fehlt der Glaube!» – «Was man nicht weiß, das eben brauchte man, / Und was man weiß, kann man nicht brauchen.» – «Es irrt der Mensch, solang er strebt.» – «Mir wird von alledem so dumm, / Als ging mir ein Mühlrad im Kopf herum.» – Der ganze Faust ist sozusagen eine Zitat-Schuttkippe. Wer Spaß dran hat – Faust im Reclam-Bändchen kaufen und weiterlesen!

‹Götz von Berlichingen mit der eisernen Hand›

Vom Inhalt dieses Schauspiels bekommen die meisten Zuschauer nicht viel mit, weil sie unruhig darauf warten, daß der Götz endlich den bayerischen Gruß ausspricht. Das ist schade, denn die Story des Stücks ist nicht zu verachten.

Götz ist ein mittelständischer Raubritter, der bei seinem unfallträchtigen Beruf eine Hand verloren hat, die durch eine für damalige Verhältnisse recht ordentliche Prothese ersetzt wurde. Weil der Bischof und der Kaiser das Volk inzwischen im großen Stil ausplündern, ist Götz in der Situation eines Lebensmitteleinzelhändlers gegenüber den großen Supermärkten; er stört und soll seine selbständige Räuberei aufgeben oder zur Filiale eines der Großen machen. Damit er das begreift, hat ihm der Bischof seinen besten Knappen abgeworben. Götz rächt sich und wirbt seinerseits Adelbert von Weislingen ab, der quasi als Prokurist des Bischofs arbeitet. Adelbert ist seiner Zeit weit voraus; er arbeitet nicht mehr für Geld, sondern seine Dienste stehen immer dem zur Verfügung, der ihm die schönste Frau ins Bett legt. Götz gewinnt ihn, indem er seine Schwester anbietet – das klappt aber nur, bis der Bischof eine interessantere Frau einsetzt, die Adelheid von Walldorf. Adelbert heiratet sie, nur verläuft die Ehe insofern nicht ganz glücklich, daß sie ihn vergiften läßt. Trotz seiner Mischung aus Mut und Dickschädeligkeit hat der Ritter gegen den Kaiser keine Chancen und wird gefangengenommen. Noch einmal kommt er frei und könnte einen ruhigen Lebensabend verbringen, wenn er seinen Laden zumachte, aber so was begreifen Querköpfe wie Götz niemals. Als seine Bauern aufmüpfig werden, stellt er sich an ihre Spitze und erfährt das Schicksal eines Kleinunternehmers, der sogar seine Angestellten gegen die Konzerne aufhetzt. Er stirbt an einer schweren Verwundung, bekommt aber einen schönen Nachruf: «Edler Mann! Wehe dem Jahrhundert, das dich von sich stieß!»

Kurztext für Nervöse: Neue Formen der Ausbeutung erweisen sich allemal als den alten überlegen. Anachronistischer Klein-Raubritter wird von Groß-Raubrittern plattgemacht.

Für Gebildete: Überflüssig; der Mittelstand ist der gebildetste aller Stände und versteht das Stück auch so.

Zitierfähiges: «Wo viel Licht ist, ist starker Schatten!» – «Er aber, sag's ihm, er kann mich im Arsch lecken.» – «Meinetwegen dürft ihr's lassen!»

‹*Iphigenie auf Tauris*› (I-fi-genie!!)

ist die Story einer Frau, die kein Blut sehen kann. Schon gar nicht das eigene. Obwohl Iphigenie Griechin ist, lebt sie im Inselreich Tauris sozusagen in der Emigration, und das hat einen vernünftigen Grund. Als ihr Vater, der Griechen-König Agamemnon («Angenommen» ist *immer* ein Druckfehler!) gegen Troja losmarschierte, sollte sie auf dem Opferstock getötet werden, was damals noch für gutes Wetter sorgte. Davon hielt sie nichts, und deshalb ist sie abgehauen. Aber sie hat mehrere Fehler, an denen sie letztlich scheitert. Daß sie dauernd Heimweh hat, wäre noch verzeihlich, doch sie leistet sich auch noch Grundsätze.

Obgleich der Taurier-König Thoas, bei dem sie eine Planstelle als Priesterin hat, ein ganz netter Mensch ist, lehnt sie ab, als er sie heiraten will. Verständlicherweise ist Thoas gekränkt, und aus Wut will er die alten Menschenopfer wieder einführen, die Iphigenie abgeschafft hat. Als erstes soll sie zwei Fremde ins Jenseits befördern, die nach Tauris gekommen sind: ihren Bruder Orest und seinen Freund Pylades. Nach den Erfahrungen, die sie mit Griechen, besonders aus der eigenen Familie, gemacht hat, müßte ihr das Opfermesser in diesem Fall normalerweise locker in der Scheide sitzen, aber Orest hat inzwischen den König Agamemnon umgebracht, und das läßt sie zögern. Eigentlich könnte sie jetzt wieder zurück nach Griechenland, und prompt schmieden die drei Griechen den Plan gemeinsamer Flucht. Die würde auch problemlos über die Bühne gehen, hätte Iphigenie nicht (neben Heimweh und Schlacht-Hemmung) einen dritten Fehler: Ehrlichkeit! – Sie gesteht dem Taurier-König Thoas den Fluchtplan, und der tobt vor Wut, ist dann über diese Blödheit so entsetzt, daß er die drei Griechen so schnell wie möglich loswerden will und froh ist, als auch Iphigenie endlich die Koffer packt. Schaudernd denkt er daran, daß er sie um ein Haar geheiratet hätte.

Kurztext für Nervöse: Griechische Emigrantin vermasselt sich durch falsche Grundsätze Heirat mit wohlhabendem König.

Für Gebildete: Der Stoff gehört zur griechischen Orest-Sage, an der sich schon Aischylos, Sophokles und Euripides versucht hatten. Goethe schlachtete das Stück von Euripides aus, spielte bei der Aufführung der ersten Fassung seines Stückes selbst den Orest, bastelte dann weiter dran herum, bis er es endlich geschafft hatte, die Götter (die bei Euripides noch auf die Bühne kommen) ins Innenleben seiner Helden zu schieben, was die Zahl der für das Stück benötigten Schauspieler verringert.

Zitierfähiges: «Ein unnütz Leben ist ein früher Tod.» – «Ein edler Mann wird durch ein gutes Wort der Frauen weit geführt.» (?) – «Du sprichst ein großes Wort gelassen aus.» – «Es fürchte die Götter / Das Menschengeschlecht.» – «Wohl dem, der seiner Väter gern gedenkt.» (Besonders, wenn sie ihn schlachten wollen!)

Torquato Tasso
lebt als Hofdichter des Herzogs von Ferrara am Anfang des Stücks ziemlich gut. Er überreicht seinem fürstlichen Gönner ein neues Epos, und er bekommt nicht nur den damals noch üblichen Lorbeerkranz, sondern Prinzessin Leonore, die Schwester des Herzogs, setzt ihn Tasso persönlich auf die edle Dichterstirn. Eine eindeutige Geste; sie steht auf den Dichter und will mit ihm über Lyrik diskutieren. Anstatt sie, wie jeder vernünftige Autor in dieser Situation, sofort in sein Schlafzimmer zu schleppen, fängt Tasso ziemlich unbegründet mit einem Staatssekretär des Herzogs Krach an, obwohl der den Hofdichter eigentlich mag. Leonore will Frieden stiften, aber jetzt zieht Tasso das Schwert. Normalerweise wäre so was ziemlich gefährlich. Weil Dichter aber eh keiner sonderlich ernst nimmt, soll er nicht vors Gericht, sondern bloß eine Weile verschwinden. Leonore kann dem Herzog selbst diese milde Strafe ausreden. Tasso könnte also bei Hofe bleiben. Der Staatssekretär und sogar der Herzog bitten ihn förmlich darum, denn sie wissen, was sie an ihrem Dichter haben. Der ist aber gekränkt und eigensinnig und will jetzt erst recht abreisen. Tut er aber nicht; beim Abschied wird er plötzlich so scharf auf die Prinzessin, daß er ihr vor allen Leuten an die Wäsche will, und das ist ihr zuviel. Sie bekommt einen roten Kopf und verläßt mit ihrem Gefolge fluchtartig das Schloß. Der Staatssekretär beginnt sofort, sich um Tasso zu kümmern. Der alte Diplomat wird ihm als erstes beibringen, daß ein Dichter nun einmal bei Nacht und Nebel zu seiner Geliebten zu schleichen hat und nicht am hellen Tag in aller Öffentlichkeit mit ihr rummachen kann.

Kurztext für Nervöse: Unbeherrschter Hofdichter gefährdet durch unbesonnenes Verhalten finanzielles und sexuelles Wohlbefinden.

Für Gebildete: Klar, daß dieses Stück autobiographisch ist.

Goethe verarbeitete darin seine eigene Rolle am Weimarer Fürstenhof und setzte der Freifrau von Stein mit der Leonore ein Denkmal. Es ist nicht überliefert, ob sie sich dafür bedankt hat.

Zitierfähiges: «Es bildet ein Talent sich in der Stille.» – «Ein edler Mensch zieht edle Menschen an.» – «So fühlt man Absicht, und man ist verstimmt.» – «Erlaubt ist, was gefällt.» – «Willst du genau erfahren, was sich ziemt, / So frage nur bei edlen Frauen an.» – «Die Grazien sind leider ausgeblieben.»

Gogol, Nikolaj

lebte von 1809 bis 1852. Er versuchte mit neunzehn Jahren Beamter zu werden, versagte als Schauspieler, Mädchenschullehrer, Geschichtsdozent und wurde schließlich Schriftsteller. Wie viele, die nichts richtig zustande bringen. Mit 43 Jahren dachte er über sein Leben nach und beschloß, aus Protest gegen dessen Verlauf in den Hungerstreik zu treten. Er aß einfach nichts mehr. Das Schicksal ließ sich aber nicht erpressen, und er starb. Neben seinem Roman *‹Die toten Seelen›* gehört eines seiner Schauspiele zweifellos zur Weltliteratur.

‹Der Revisor›

In diesem Stück herrschen in einer russischen Kleinstadt Zustände wie bei der Baugesellschaft Neue Heimat. Alles geht drunter und drüber. Im Gegensatz zu den Gewerkschaften sorgt der russische Zar aber dafür, daß die Bäume nicht in den Himmel wachsen, und kontrolliert seine Städte von Zeit zu Zeit. Auch in unserer Kleinstadt soll ein Revisor prüfen, ob alles in Ordnung ist. Der Zar kennt seine Beamten, und er schickt deshalb quasi lauter Wallraffs los, die inkognito unterwegs sind. Ein kleiner Beamter, der zufällig in die Stadt kommt, wird für diesen Revisor gehalten und von allen Seiten bestochen, damit er positive Berichte nach St. Petersburg schickt. Er läßt sich die Gastfreundlichkeit gern gefallen, läßt sich mit Geld und Ehren überhäufen, zeigt sich auch gegenüber Frau und Tochter des Polizeichefs nicht abgeneigt – als aber die Heirat droht, reist er schnell ab, während ein echter Revisor eintrifft. Dem muß sich die Tochter des Polizeichefs jetzt wohl zuwenden.

Kurztext für Nervöse: Korrupte Kleinstadtbeamte bestechen in der Aufregung versehentlich den Falschen.

Für Gebildete: Gebildete bestechen nur den Richtigen; gelegentlich kippt doch ein Skandal auf, und das staunende Volk wundert sich, wie wenig sich in 150 Jahren geändert hat.

Goldoni, Carlo

von 1707 bis 1793 und gab als Dr. jur. eine gutgehende Rechtsanwaltspraxis auf, um sich einer reisenden Komödiantengruppe anzuschließen. Obwohl er 150 Dramen schrieb, die meist sehr erfolgreich waren, verstarb er (wie es sich für einen echten Künstler gehört) in tiefster Armut. Das macht seine Bedeutung für uns nur noch größer. Hier eine Kostprobe.

‹Mirandolina›

ist nach Ansicht vieler Theaterwissenschaftler der Höhepunkt in Goldonis Schaffen. Sie haben recht: Das Stück demonstriert uns, auf welch tragische Weise sexuelle Hörigkeit einen Menschen ruinieren kann.

Mirandolina betreibt als Wirtin ein Hotel garni und schläft mit ihrem Kellner Fabrizio, was am Anfang des Stücks noch völlig in Ordnung ist; sie hat keinen anderen Mann. Als dann aber sowohl ein reicher Graf als auch ein vornehmer Marchese um sie werben, schießt sie den Kellner nicht etwa sofort in den Wind, sondern weist beide erfolgreicheren Heiratskandidaten ab. Auch einen dritten Adeligen, der überhaupt nichts von ihr wissen will, macht sie nur so lange scharf, bis auch er sie heiraten will, bleibt aber dann trotzdem bei ihrem Kellner.

Kurztext für Nervöse: Attraktive Hotel-Kauffrau entscheidet sich unter vier Heiratskandidaten aus sexueller Abhängigkeit für den Erfolglosesten von ihnen.

Für Gebildete: Obwohl Mirandolina als eine vom Trieb gesteuerte Frau schicksalhaft scheitert, was sie eindeutig als Tragödien-Heldin ausweist, wird dieses Stück regelmäßig, sogar von seinem Autor, als Komödie mißverstanden. Das ist ein großer Irrtum; wo es um Heirat geht, handelt es sich *immer* um Tragödien!

Zitierfähiges: Fehlanzeige – aus Komödien zitiert man nicht, man genießt sie.

Grillparzer, Franz

lebte von 1791 bis 1872 und gilt als größter Dramatiker Österreichs, was allein schon das Schlimmste befürchten läßt. Nur weil sein Vater früh starb, sich seine Mutter in religiösem Wahnsinn erhängte, sich einer seiner beiden Brüder umbrachte und die anderen beiden Brüder noch größere Versager waren, fand Grillparzer nie zur rechten Lebensfreude. Anfangs schrieb er vielversprechende Schauerstücke. Später folgte er jedoch dem Beispiel Goethes. Er beschloß, Klassiker zu werden, schlachtete griechische Tragödien zur Trilogie *‹Das Goldene Vlies›* aus und schrieb danach noch mehr Tragödien.

Als die Österreicher seine Bedeutung erkannten, war er schon 80 Jahre alt. «Zu spät!» bemerkte er gekränkt, und dann starb er verärgert.

‹Weh dem, der lügt›

Dieses Stück Grillparzers wird noch immer aufgeführt, da der Dichter hier ganz klar bestätigt, was wir immer schon wußten: Nichts geht über eine gute Küche!

Am Anfang kündigt Leon, ein französischer Spitzenkoch, seinem bischöflichen Herrn den Dienst, da der Bischof dauernd an den für gute Küche nun mal notwendigen Ingredienzen spart. Der Bischof erklärt, weshalb er so knausert; er will Lösegeld für seinen nach Deutschland entführten Neffen zusammensparen.

Leon beschließt, diesen Neffen auch ohne Lösegeldzahlung rauszuholen, damit er wieder Eier der Handelsklasse I kaufen kann, und der Bischof läßt ihn ziehen. Leon soll aber bei dieser Befreiungsaktion nicht lügen. Obwohl normalerweise eine Befreiungsaktion nur mit List und Tücke möglich ist, will Leon tatsächlich auf Lügen verzichten und kommt damit wider Erwarten gut durch.

Er geht nach Deutschland, gewinnt den Geiselnehmer für die Nouvelle Cuisine und kriegt sogar die Grafentochter beim Kräuterpflücken rum. Da gutes Essen immer das Blut aus dem Kopf in den Magen treibt, paßt keiner richtig auf die Geisel auf. So gelingt es Leon, den Neffen des Bischofs zu befreien, obwohl er immer die Wahrheit sagt. Das Stück endet aber trotzdem nicht glücklich; Edrita, des Grafen Tochter, hat sich so an die französische Küche gewöhnt, daß sie mitflüchtet. Der Held muß sie notgedrungen heiraten.

Kurztext für Nervöse: Wer gut kochen kann, erreicht seine Ziele sogar, wenn er immer die Wahrheit sagt; gute Köche werden gern geheiratet.

Für Gebildete: Gebildete eilen nach dem Schlußapplaus so schnell wie möglich in das nächste Restaurant; leider kocht dort meistens kein Leon.

Zitierfähiges: Fehlanzeige. Mit vollem Munde spricht man nicht.

Hauptmann, Gerhart

lebte von 1862 bis 1946, mußte nach vier Jahren Gymnasialbesuch wegen «schwacher Begabung» die Schule verlassen, war erst Landwirtschaftsgehilfe, dann Bildhauer und entschloß sich schließlich (mal wieder nach einer Italien-Reise!), Dichter zu werden; schlesischer Reserve-Goethe, aber mit sozialkritischem Touch. Dafür hatte er auch Grund: Die durchschnittliche Lebenserwartung eines Industriearbeiters lag zu seiner Zeit zwischen 30 und 40 Jahren. Sein Gesamtwerk ist so riesig, daß noch immer niemand recht durchblickt. Obwohl sich der Deutschunterricht diesen Dichter dauernd zur Brust nimmt, um ihn dort zu zerquetschen, werden einige Stücke des Naturalisten noch immer gern aufgeführt.

‹Der Biberpelz›

gehört zu den «Lehrstücken», denn der Dichter erklärt uns am Beispiel der Hauptfigur, einer Frau Wolff, detailliert, auf welche Weise die Waschfrauen an ihre Bungalows kommen. Durch eigene Tüchtigkeit und vollen Einsatz der ganzen Familie: Wäschewaschen allein führt zu nichts! Man muß auch wildern, Holz und Pelze klauen und alles mit soviel Gewinn wie möglich verscherbeln. Die Polizei kümmert sich um kriminelle Delikte überhaupt nicht; sie ist viel zu sehr mit den politischen beschäftigt.

Kurztext für Nervöse: Das Stück über Eigenheimfinanzierung. Der Zweck heiligt jedes Finanzierungsmittel!

Für Gebildete: Wirklich Gebildete fürchten beim Hausbau weniger die finanziellen Folgen als den Ärger mit unzuverlässigen Handwerkern.

Zitierfähiges: «Die Wolffen ist eine ehrliche Haut.»

‹Fuhrmann Henschel›

ist auch ein «Lehrstück», obwohl es von Hauptmann ist und nicht von Brecht. Sofort am Anfang zeigt uns der Dichter, was die Ehe aus einem Menschen macht: Die Frau des reichen Fuhrunternehmers ist nicht nur verhärmt und krank, sondern sie hat auch ein Kind. Aus Erfahrung klug geworden, will sie nicht, daß ihr Mann denselben Fehler zweimal macht. Er soll nach ihrem Tod nicht wieder heiraten, schon gar nicht seine Hausgehilfin Hanne Schäl. Dann stirbt sie. Anfangs versucht der Spediteur, sich an den klugen Rat seiner Frau zu halten. Aber dann zieht sich die Hanne scharfe Klamotten an, und er geht ihr prompt auf den Leim. Anstatt auf seine Frau zu hören und nur mit Hanne zu schlafen, heiratet er sie, und die üblichen Ehefolgen treten ein. Hanne will dauernd Geld, fängt Krach mit Henschels tüchtigstem Fahrer an und schläft auch noch mit anderen Männern. Zu der Einsicht, daß es besser ist, eine lebensfrohe Frau wie Hanne mit anderen Männern zu teilen, als eine langweilige allein zu besitzen, ist Henschel (das macht seine eigentliche Tragik aus!) nicht fähig. Sie einfach rauszuschmeißen, das schafft er auch nicht. Statt dessen hängt er sich auf. Die schlechteste aller Möglichkeiten, sein Problem zu lösen.

Kurztext für Nervöse: Transportunternehmer scheitert an sexuellen Besitzansprüchen.

Für Gebildete: gibt es solche Besitzansprüche nicht.

Zitierfähiges: «Ane Schlinge ward mir gelegt, und in die Schlinge, da trat ich halt 'nein ...» (Henschel ist Heimatvertriebener! Eine gute Chance für die Regie, eine Volkstanzgruppe aus der Schlesischen Landsmannschaft irgendwie einzubauen und die Hanne mit ihr tanzen zu lassen!)

IN DEN STÜCKEN GERHARD HAUPTMANNS ÜBERTREIBEN REGISSEURE UND SCHAUSPIELER DAS »ELEND« STETS MASSLOS.
OBEN: EIN ARMES SCHLESISCHES KIND HÄTTE VÖLLIG GENÜGT.
LINKS: NICHT NUR DIE GUTSBESITZERIN – AUCH IHR KERNGESUNDES KIND WIRD ALS „RHEUMATISCH" STÖHNEND AUF DIE BÜHNE GEROLLT.

VÖLLIG ÜBERZOGEN:
FRITZ KORTNER (OBEN) ALS „FUHRMANN HENSCHEL". ABER AUCH GUSTAV GRÜNDGENS IST MIT DIESER ROLLE NICHT FERTIG GEWORDEN. ⋙→

‹Die Ratten›

erzählt die Geschichte einer Kindesadoption, die schiefgeht. Eine Hausgehilfin, die Mutter eines unehelichen Kindes wird, will das Kind einerseits nicht behalten, andererseits aber auch nicht weggeben. Das treibt sowohl die Kindesmutter als auch die Adoptivmutter in den Tod. Daß weitere Schauspieler während der Handlung dauernd auch noch Schillers Drama *‹Die Braut von Messina›* aufführen wollen, macht das Stück noch tragischer.

Kurztext für Nervöse: Nervöse meiden dieses Stück am besten.

Für Gebildete: Gebildeten sagt dieses Stück nichts Neues; sie wissen, daß eine Kindesadoption eine stabile seelische Disposition erfordert. (Am besten geht's ganz ohne Seele.)

Rose Bernd

hat am Anfang des Stücks eine beide Beteiligten eindeutig befriedigende Liebesbeziehung zu einem verheirateten Gutsbesitzer, dessen Frau Rheuma in den Knien hat und die deshalb im Rollstuhl sitzt. Anstatt über das, was sie hat, glücklich zu sein, will Rose mehr: Auch sie will heiraten, und zwar einen andern. Ein Erpresser nutzt diese problematische Dreierbeziehung für sich aus; Rose gibt auch ihm, was alle Männer wollen, und wird von irgendwem schwanger. Sie bringt ihr Kind erst zur Welt und dann um. Ihr zukünftiger Ehemann hält das auch für das Gescheiteste. Er liebt sie danach nur noch mehr. Eines der wenigen Stücke des Dichters mit glücklichem Ende.

Kurztext für Nervöse: Kluges Mädchen macht das Beste aus ungünstiger Situation.

Für Gebildete: Dieses Stück beweist ganz klar, daß Anti-

Baby-Pille und Abtreibung nicht die einzigen Möglichkeiten für eine bewußte Familienplanung sind.

Zitierfähiges: «Ich hab mein Kind erwürgt.»

‹Vor Sonnenaufgang›

Bauern sind durch den Abbau von Kohle unter ihren Feldern reich geworden, und sie machen das Klügste aus dieser Situation; sie verbraten soviel Geld, wie sie nur können, denn das Leben ist nun mal kurz. Loth, ein junger Sozialdemokrat, tut so, als wolle er die veränderten sozialen Verhältnisse studieren, sucht aber nur eine wohlhabende Frau, die ihn heiraten möchte. In einer Tochter des Bauern Krause findet er sie; Helene ist nicht nur von seinem politischen Überbau beeindruckt, sondern auch von seinem physischen Unterbau. Alles könnte gutgehen, wäre Loth nicht wie die meisten Sozis im tiefsten Herzen ein schrecklicher Trauervogel. Nur weil in Helenes Familie etwas getrunken und gelegentlich Unzucht getrieben wird, läßt er sie fallen. Darüber grämt sich das sensible Mädchen so, daß wieder einmal am Ende eines Hauptmann-Dramas eine Leiche auf der Bühne liegt.

Kurztext für Nervöse: Spießiger Sozi bringt sinnliches Mädchen statt ins Bett unter die Erde.

Für Gebildete: gibt's keine Zweifel – Willy Brandt ist nicht die SPD!

‹Die Weber›

ein spannendes Drama mit Helden und ergreifenden persönlichen Konflikten, sondern ein breit angelegtes Sozial-Gemälde mit vielen Massen-Szenen. Keine einzige Liebes-Szene, keine Spur von Schuld und Sühne. Auch der einzige Tote ist bezeichnenderweise ein alter, kluger Weber, der sich aus dem Stück weitgehend herauszuhalten versucht.

Kurztext für Nervöse: Heimarbeiter machen Randale, können aber Lauf der Geschichte so nicht aufhalten.

Für Gebildete: Dieses Stück, mit dem Hauptmann die schlesischen Weberunruhen fast minutiös genau recherchiert auf die Bühne brachte, ist kein Aufruf zur Revolution, auch wenn es von Regisseuren gern als solcher inszeniert wird. Der Dichter wollte Wirklichkeit darstellen – nicht mehr, aber auch nicht weniger.

Zitierfähiges: «Und wenn der ganze Schnee verbrennt.» (Erst ein Optimist fügte hinzu: «Die Asche bleibt uns doch!»)

Hebbel, Friedrich

lebte von 1813 bis 1863, bekam den Schiller-Preis (mal wieder typisch!) erst auf dem Sterbebett. Nicht etwa für *‹Judith›*, sein erstes und scharfsichtigstes Werk, sondern für einen sperrigen Historien-Schinken, nämlich seine Nibelungen-Trilogie. «Das ist Menschenlos», sagte er nachdenklich, «bald fehlt uns der Wein, bald der Becher.»

‹Judith›

ist die hochaktuelle Geschichte einer Frau, die zuerst an zwei falsche Männer geriet. Ihr Ehemann war ein so guter Frauenkenner, daß er sich nicht näher an sie herantraute, als zum Ringwechsel nun einmal notwendig war. Schon das schaffte ihn so, daß er starb. Sie ist eine der wenigen jungfräulichen Witwen, die wir in der Weltliteratur finden. Dann umwirbt sie ein gewisser Ephraim, aber auch er hält dabei Abstand; er ist klug und deshalb kein Held. Als der Assyrer-Feldherr Holofernes anrückt, um die Stadt zu belagern, läßt sich Ephraim nicht etwa dazu überreden, ihn umzubringen, sondern er bleibt zu Hause. (Intelligenz und Heldentum sind immer Gegensätze!) Voll Verachtung entschließt sich Judith dazu, auch den Mord am feindlichen Holofernes selbst zu besorgen. Sie macht sich zusammen mit ihrem Dienstmädchen auf, um ihm zu zeigen, was eine Harke ist, aber als sie ihn sieht, erbebt sie: Der Typ strotzt vor Kraft, badet nur samstags, rasiert sich selten und salbt sich überhaupt nicht. Ein typischer Macho, auf den sie selbstverständlich voll abfährt. Sie vergißt erst ihr Volk und dann sich selber. Noch einmal eilt sie zurück in ihre von Holofernes' Truppen belagerte Stadt, holt ihr Kosmetik-Köfferchen und gibt sich ihm voll Leidenschaft hin. Danach ist sie verblüfft; Holofernes, der schon die Libyer und Mesopotamier bezwungen, will auch Judith als einen Sieg mehr betrachten und einfach als erledigt abhaken. Ihm genügt eine Nacht mit ihr durchaus.

Das verträgt ihr Stolz nicht. Als er sich satt und zufrieden grunzend auf die Seite gelegt hat und zu schnarchen beginnt, schlägt sie ihm den Kopf ab und trägt ihn an den Haaren nach Hause. Ihr Volk will sie als Heldin feiern, aber sie verzichtet traurig darauf. Der einzige Mann, der wahrscheinlich mit ihr fertig geworden wäre, hatte auch schon nach einer Verabredung genug, und andere Männer will sie nun mal nicht. Um der Sitte zu genügen, legt sie ihr Schicksal scheinbar in Gottes Hand. Sie bittet darum, man möge sie töten, falls sie etwa von diesem Holofernes einen Sohn bekommen sollte, aber in den tiefsten Tiefen ihres Frauenherzens fühlt sie es längst: Sie ist schwanger, und daß solche Männer nur Söhne zeugen, ist nun wirklich jedem klar.

Kurztext für Nervöse: Schöne Jüdin scheitert am Zentralproblem herrschsüchtiger Frauen.

Für Gebildete: Heute morden Frauen nicht nur, sondern sie schreiben auch Bücher. Vgl. Svende Merian: *‹Der Tod des Märchenprinzen›*.

Ibsen, Henrik

lebte von 1828 bis 1906 und ist als Norweger der erste skandinavische Autor, der uns in diesem Buch begegnet. Er schaffte es nicht, in Abendkursen das Abitur nachzuholen, was ihn zum Dramaturgen und Regisseur qualifizierte. Seine Bedeutung liegt, wie die der meisten nordischen Dichter, darin, daß er dem eh schon tristen gesellschaftsanalytischen Schauspiel noch ein zusätzlich depressiv stimmendes Motiv hinzufügte: Fast alle seine Stücke spielen in Skandinavien, wo es entweder (im Winter) völlig finster ist oder aber (im Sommer) mindestens ziemlich finster. So sind auch seine Stücke, aber ein fähiger Regisseur macht trotzdem etwas aus seinen Texten.

‹Gespenster›

Helene Alving, die Witwe eines reichen Beamten, hat der Allgemeinheit zum Andenken an ihren Gatten ein Kinderheim gestiftet, das eingeweiht werden soll. Der Pfarrer erklärt, daß solche Kinderheime nicht versichert werden müßten, da der liebe Gott auf sie aufpasse, aber Oswald, Helenes Sohn, glaubt das nicht recht und fällt auch sonst aus dem Rahmen. Er ist nicht nur Maler, sondern er lebt auch gewöhnlich in Paris. Beides erscheint dem Pfarrer zu Recht suspekt. Zwischen Oswald und dem Pfarrer gibt es Spannungen, die der sensible Oswald nicht erträgt. Er verläßt die Bühne, um einen trinken zu gehen, und als er weg ist, versucht Helene den Pfarrer zu beruhigen, indem sie ihm erklärt, daß sie in einer ganz normalen Ehe gelebt hat. Ihr verstorbener Mann hat sie ständig mit anderen Frauen betrogen, dem Dienstmädchen ein Kind gemacht, die Kindesmutter mit einem anderen Mann verheiratet und das Kind in den ehelichen Haushalt aufgenommen; die inzwischen erwachsene Regine arbeitet dort als Hausgehilfin. Der Pfarrer ist endlich beruhigt, da hört man lustvolles Stöhnen aus dem Speisezimmer, wo der Verstorbene schon mit dem Dienstmädchen Regine zeugte. Helene fürchtet schon, das Gespenst ihres Mannes sei dort mit seiner Tochter am Werk, aber es ist nur Oswald, der seine Halbschwester über den Tisch gelegt hat. Helene atmet erleichtert auf, als ihr das klar wird, denn wenn Oswald der Regine auch ein Kind machen sollte, wird es ein gesunder Norweger. Oswald hat nur die Syphilis. Danach passiert etwas Tragisches: Oswald raucht erschöpft eine Zigarette, drückt die Kippe nicht vernünftig aus, und das gerade erst gestiftete Kinderheim brennt ab. Infolge der Hitze kippt Oswalds Syph ins dritte Stadium; er fällt in die Arme seiner Mutter. Dabei lacht er glücklich, und das ist in Norwegen der größte Fehler, denn in Skandinavien gibt es nichts zu lachen. Helene bleibt nichts anderes übrig – sie muß überlegen, womit sie ihren Sohn vergiften kann.

Kurztext für Nervöse: Kunstmaler raucht nach dem Beischlaf und verursacht größere Schäden als Unzucht, Ehebruch, Inzest und Syphilis zusammen.

Für Gebildete: Gebildete rauchen nie im Bett.

Hedda Gabler

hat den Fehler gemacht, an Stelle eines Schriftstellers einen braven Bürger zu heiraten, und sie bekommt prompt, was solche Frauen verdienen – Langeweile! Dann aber schreibt der Autor einen Bestseller, und jetzt will sie ihn unter allen Umständen. Der Dichter hat sich inzwischen nicht nur einer anderen Frau zugewandt, sondern er ist auch nicht kräftig genug, um beide Frauen zu genießen. Er flüchtet in das Haus einer frigiden Opernsängerin, wo er wie Buridans Esel zwischen zwei Heuhaufen überlegt, wem er sich zuwenden soll. Hedda will ihm bei der Lösung dieses Problems helfen. Sie reicht ihm eine Pistole, er erschießt aber nicht eine der beiden Frauen, sondern sich selbst. Hedda folgt seinem Beispiel.

Kurztext für Nervöse: Autor bringt durch Potenzschwierigkeiten seinen ganzen Stand in Verruf.

Für Gebildete: Gebildete kennen das Kierkegardsche Entweder / Oder nicht – sie entscheiden sich immer für das Sowohl / Als auch.

‹Nora oder Ein Puppenheim›

Nora ist die Ehefrau des Bankers Torvald, der sich am Anfang des Stücks unter dem Weihnachtsbaum darüber freut, daß er Bankdirektor geworden ist. Das war auch nötig, denn die beiden haben nicht nur zwei Kinder, sondern Nora ist auch eine jener konsumfreudigen Luxusfrauen, die mit dem Einkommen nie auskommen. Deswegen hat sie auch bedenkenlos die Unterschrift ihres Vaters gefälscht, um sich ein Darlehen zu verschaffen. Krogstadt, von dem sie sich das Geld geborgt hat, arbeitet bei der Bank, wo Torvald Direktor ist. Torvald will ihn rausschmeißen. In seiner Verzweiflung bittet Krogstadt Nora darum, bei ihrem Mann um gut Wetter für ihn zu bitten. Er droht damit, ihre Unterschriftsfälschung anzuzeigen. Erstaunlicherweise begreift sie diese sanfte Erpressung zwar, sie erwartet jedoch, daß ihr Ehemann diese läppische Fälschung auf die leichte Schulter nimmt. Da irrt sie sich, denn ein guter Bankdirektor mag so was nicht. Er tobt, als er die Sache erfährt.

Noras Freundin Christine ist die eigentliche positive Heldin in diesem Stück. Sie erkennt, was Sache ist, schläft mit Krogstadt, und er nimmt seine Anzeige prompt zurück. Alles könnte in Ordnung sein, denn Noras Mann liebt sie so, daß er ihr die Fälschung jetzt verzeiht. Hat so was einer Ehefrau jemals genügt? – An Stelle ihrem Mann die Füße vor

DA GIBT ES KEINE HÄME: REGISSEURE VERSUCHEN DAS ÄUSSERSTE, UM DIE EMANZIPATION IN IBSENS DRAMEN HERAUSZUARBEITEN.
SCHUFT, WURM, NICHT EINE SEKUNDE LÄNGER ...
SCHEISSE ABER AUCH
UNWIDERRUFLICH. ICH GEHE. AUF DER STELLE.
DER WIRD SICH WUNDERN, DER SAUKERL, WENN ER NACH HAUSE KOMMT, „NORA, NORA!" SCHREIT...
...MICH ÜBERALL VERGEBENS SUCHT...
...UND ICH, VERFÜHRERISCH DUFTEND, IN DER BADEWANNE LIEGE...

Dankbarkeit zu küssen, ist Nora beleidigt, weil er ihre kriminellen Machenschaften nicht von Anfang an gebilligt hat, und sie verläßt wütend Mann und Kinder. Leider verrät uns Ibsen nicht, wie die Geschichte weitergeht, aber jeder Leser weiß es: Nora kommt ohne das Direktorengehalt nicht klar und steht sechs Wochen später wieder vor der Tür. Da liegt aber längst Christine in Torvalds Bett.

Kurztext für Nervöse: Dummheit allein ist noch lange keine Emanzipation.

Für Gebildete: Gebildete Frauen wissen, daß jede Emanzipation eigenes Vermögen voraussetzt oder zumindest einen vernünftigen Beruf.

‹Peer Gynt›

beweist schon durch den Untertitel, daß Ibsen nichts mehr haßte als Lebenslügen. Der Autor behauptet nicht, daß *‹Peer Gynt›* ein Theaterstück sei, und das ist es auch nicht. Es handelt sich um ein «dramatisches Gedicht». Die Schauplätze des Stücks versprechen nicht zu viel: Norwegen, Marokko, die Wüste Sahara, das Meer und ein Irrenhaus deuten auf viel Bewegung, und die gibt's auch.

Peer lebt auf einem heruntergekommenen Bauernhof, den er durch die Heirat mit einer Ingrid sanieren könnte, aber dieses Mädchen will er nicht. Erst als sie einen anderen heiratet, erinnert er sich an sie und marschiert zu ihrer Hochzeit. Dort will er eigentlich nur ein bißchen randalieren, aber die meisten Mädchen wollen nichts von ihm wissen. Vermutlich hat er Haarschuppen oder Mundgeruch. Nur die schöne Solveig würde trotzdem mit ihm tanzen, aber ihre Freundinnen raten ab. Vor Wut schleppt er jetzt die Braut ins Gebirge, um dem Ehemann die Hochzeitsnacht zu vermiesen. Auch das wird mißverstanden. Er will nur mit der Braut schlafen, aber die will nachher bei ihm bleiben. Natürlich schickt er sie weg. Er denkt nur noch an die Solveig. Zu der kann er nicht, weil der Ehemann der Braut auf ihn sauer ist, und vorsichtshalber flüchtet er noch tiefer ins Gebirge. Dort wird er mit einer Rothaarigen verheiratet, aber die ist Gott sei Dank nur eine Trollfrau, also eine Wahnvorstellung, die mit dem ersten Sonnenstrahl verschwindet. Kaum ist sie weg, rückt Solveig an. Er findet sie recht angenehm und möchte sie in seiner Hütte dulden, aber dann kommt die Rothaarige wieder, die inzwischen ein Kind von ihm hat. Der arme Peer muß schon wieder flüchten. Diesmal macht er es gründlich, und er rennt bis nach Marokko, wo ihm eine schöne Beduinen-Tochter verfällt, die auf blonde Männer steht. Die will er mit zu sich nach Hause nehmen, aber wer geht schon gerne aus Marokko nach Norwegen? Anitra schüttelt entsetzt den Kopf, als sie erfährt, wie teuer Alkohol und Zigaretten in Skandinavien sind. Beduinen wollen Peer ans Leder, und er geht endlich dorthin, wo er schon lange hingehört, nämlich ins Irrenhaus. Dort fühlt er sich wohl und bleibt Jahre, aber dann treibt ihn das Heimweh zurück nach Norwegen. Als er dort ankommt, ist der Zuschauer platt: Solveig hat ihr ganzes Leben auf ihn gewartet, und das beweist, daß sie noch verrückter ist als er. Gerührt schließt er sie in die Arme, und sie singt für ihn ihr in ganz Skandinavien gefürchtetes Wiegenlied.

Kurztext für Nervöse: Norwegischer Bauer flüchtet vor liebender Frau um die halbe Welt bis ins Irrenhaus, aber sie kriegt ihn doch.

Für Gebildete: So eine Story fällt auch einem Ibsen nicht so einfach ein, sondern Generationen von Norwegern haben daran gearbeitet: ‹*Peer Gynt*› ist eine norwegische Volkssage, für Stücke gilt immer: Der Stoff ist nichts, was der Dramatiker daraus macht, ist alles! (Regisseure sehen das anders!)

Zitierfähiges: «Nur keine Angst, ich habe Takt, / man stirbt nicht mitten im fünften Akt.»

Kleist, Heinrich von

wurde 1777 in Frankfurt (an der Oder, nicht am Main!) geboren. Aus seiner Familie sind bereits achtzehn Generale und zwei Feldmarschälle gekommen. Kleist will das Ansehen der Familie vor der Geschichte retten. Er beschließt, Dichter zu werden, hat aber vorher schon den Fehler gemacht, sich mit einer Generalstochter zu verloben. Die weigert sich, ihm auf einen alternativen Bauernhof zu folgen, und die Verlobung zerbricht. Das bringt ihn so durcheinander, daß er mit seinen ersten Stücken nach Weimar pilgert, um sie Goethe und Schiller zu zeigen. Die wollen aber keine Konkurrenz und schmeißen ihn raus. Anstatt darüber zu lachen, tut Kleist das Dümmste, was man überhaupt machen kann: Er gründet eine alternative Literaturzeitschrift. Die geht pleite. Kleist schreibt aber trotzdem weiter. In seiner Eigenschaft als Theaterintendant nimmt Goethe Kleists Schauspiel *‹Der zerbrochene Krug›* zur Uraufführung an, aber nur, damit er es falsch inszenieren kann. Als es wie geplant durchfällt, wird Kleist immer depressiver. Valium gibt's noch nicht, deshalb erschießt er sich 1811 in Berlin; allerdings nicht, ohne eine Schauspielerin mitzunehmen.

‹Amphitryon›

spielt im alten Griechenland zu einer Zeit, in der die Götter noch auf dem Olymp wohnten, wo damals die Luft noch nicht so verschmutzt war wie heute. Jupiter und Merkur haben mal wieder Hunger auf Menschenfleisch und nehmen die Gestalt des Feldherrn Amphitryon und seines Dieners Sosias an, um mit deren Frauen zu schlafen. Diese tun so, als durchschauten sie das Spiel nicht. Sie lassen sich mit den Göttern ein, und als ihre echten Ehemänner zurückkommen, findet zumindest Alkmene ihren neuen Mann göttlicher als den al-

AMPHYTRYON ODER TRICK 17 – MIT ANSCHLEICHEN.
UMFRAGE BEI DEN BONNER REGIERUNGSGÖTTERN: WIE WÜRDEN SIE SICH DISKRET EINER DAME NÄHERN ?
92 % DER REGIERUNGS= MITGLIEDER ENTSCHIEDEN SICH FÜR FORM A
7% FÜR FORM B – ABER MIT REGIERUNGS= STANDER.
1% (REGIERUNGS-CHEF) MÖCHTE SICH NACH SEINEN AMERIK. FREUNDEN RICHTEN

ten. Jupiter geht trotzdem auf den Olymp zurück, macht ihr aber vorher noch ein Kind: Herkules, den ersten Body-Builder.

Kurztext für Nervöse: Männer, die da sind, sind gegenüber Männern, die weg sind, immer im Vorteil.

Für Gebildete: Vor Kleist haben Aischylos, Sophokles, Euripides, Plautus und Molière den Stoff gestaltet. Kleist wollte Molière nur übersetzen, aber wie das bei Übersetzungen nun mal ist, es wurde was völlig Neues daraus.

‹Das Käthchen von Heilbronn oder Die Feuerprobe›

Am Anfang des Stücks muß sich Graf Friedrich vor dem Femegericht verantworten, weil er Käthe verführt haben soll. Gegen die Verführung wäre an sich nichts einzuwenden, aber Käthe ist die Tochter eines Waffenfabrikanten, also nicht blaublütig. Friedrichs Verteidigungsrede ist zum Vorbild aller Männer in Vergewaltigungsprozessen geworden: Er erklärt, daß er Käthe nicht im geringsten habe verführen wollen. Er sei lediglich vor ihrem Fenster auf und ab gegangen. Da habe sie seine blauen Augen gesehen, sei sofort aus dem Fenster gesprungen, und seither werde er sie nicht los. Er kriegt Bewährungsfrist, soll sie aber wegschicken. Das macht er gern, denn er hat inzwischen mit seiner Nachbarin Kunigunde wegen eines Grundstücks Ärger. Er entführt die Nachbarin, die sieht auch seine blauen Augen, zerreißt ihren Grundbuchauszug und will ihn sofort heiraten. Friedrich ist einverstanden, aber leider ist Kunigunde verlobt. Ihr Verlobter ist verärgert und greift wegen des Grundstücks mit seinem Heer Friedrich an. Käthe erfährt von dem geplanten Angriff, will Friedrich warnen, aber Friedrich glaubt ihr nicht und klebt ihr eine. Dann kommen die feindlichen Truppen.

Friedrich nimmt Käthchen mit ins Schloß. Dort schleicht sie sich in Kunigundes Badezimmer, weil sie sehen will, was ihre Konkurrentin zu bieten hat. Käthes Verdacht bestätigt sich: Kunigunde hat ein Gebiß, falsche Haare, sie trägt ein Stützkorsett und hat sich schon achtmal liften lassen. So eine Ruine verdient aber Friedrich selbst nach Ansicht des Kaisers nicht zur Ehefrau. Der Kaiser behauptet, mit Käthes Mutter geschlafen zu haben, und alle atmen auf. Käthe hat auch blaues Blut in den Adern, und jetzt kann Friedrich sie endlich heiraten. (Daß sich ihr Vater wegen Ehebruchs scheiden ließ und die Kunigunde heiraten mußte, da bei genügend reichen, gelifteten Frauen blaues Blut kein Ehehindernis mehr ist, verschweigt Kleist, um das Happy-End nicht zu gefährden.)

Kurztext für Nervöse: Attraktive Unternehmertochter nimmt adligem Trümmerteil trotz deren Grundbesitz Mann weg.

Für Gebildete: An humanistischen Gymnasien wird behauptet, daß Kleist uns mit *‹Käthchen›* die Kehrseite der *‹Penthesilea›* zeigen wollte. Das verstehe, wer will.

‹Penthesilea› (auszusprechen etwa wie Penthouse)

ist so was Ähnliches wie Hebbels *‹Judith›,* aber auf griechisch. Mitten im Krieg zwischen Griechen und Trojanern trifft Penthesilea mit einem hochgerüsteten Frauengeschwader auf dem Schlachtfeld ein und kämpft gegen beide Seiten. Sie ist unparteiisch, hat also nur Wut auf alle Männer. Dabei hat sie es besonders auf Achilles abgesehen. Mit dem wird sie aber nicht fertig. Sie wird verwundet und ohnmächtig. Als sie wieder zu sich kommt, kniet Achilles vor ihr, doch nur aus Mitleid, wie es alle Männer für solche Frauen empfinden. Penthesilea glaubt aber, sie habe ihn besiegt und will ihn heiraten. Als sie ihren Irrtum bemerkt, will sie wieder mit ihm kämpfen. Achilles mag den verstörten Zahn inzwischen und läßt sich zum Spaß darauf ein, sie macht aber Ernst. Als er das bemerkt, ist es zu spät. Sie jagt ihm einen Pfeil in die Kehle, hilft ihren Hunden dabei, seinen Leichnam zu zerfleischen, und stirbt dann selbst an gebrochenem Herzen.

Kurztext für Nervöse: Konflikt zwischen fehlgesteuertem griechischem homosexuellem Helden und militanter Lesbe – kann nicht gut enden.

Für Gebildete: ist die Sache klar; Abrechnung Kleists mit seiner Verlobten. Was denn sonst. Dramatiker machen so was immer auf der Bühne.

Prinz Friedrich von Homburg (Homburg, *nicht* Hamburg!) stellt schon ziemlich am Anfang die vernünftige Frage, ob er wach ist oder träumt, und dazu hat er auch allen Grund. Anstatt seinen Beruf als Militarist ernst zu nehmen, tändelt er mit Prinzessin Nathalie herum und denkt auch bei der Vorbesprechung einer fälligen Schlacht gegen die feindlichen Schweden so sehr an sie, daß er nicht aufpaßt. Er soll mit seiner Kavallerie erst auf ausdrücklichen Befehl in die Schlacht eingreifen, aber als ihm das gesagt wird, träumt er schon wieder. Erheblich romantisch, wie er nun einmal ist, glaubt er noch das Märchen, daß Prinzen die Prinzessin zugeschoben bekommen, wenn sie im Krieg nur tapfer genug sind. Er greift auf eigene Rechnung die Schweden an und schlägt sie in die Flucht.

Glücklich eilt er zu seinem Fürsten und will jetzt die Prinzessin abholen, aber bei Hofe sind alle auf ihn ziemlich sauer. Der Kurfürst hatte ganz andere Pläne. Er wollte die Schweden nur so weit schwächen, daß ihr König die Nathalie heiratet. Das ist jetzt nicht mehr möglich. Der Prinz wird zum Tode verurteilt und hat schreckliche Angst vor demselben.

Nathalie bittet beim Kurfürsten um Gnade. Der Kurfürst hat gute Laune, und er gestattet sich einen kleinen Spaß: der Prinz wird zwar mit verbundenen Augen zur Hinrichtungsstätte geführt, jedoch nicht erschossen. Als er danach erfährt, daß er Nathalie heiraten soll, wird er plötzlich, zum erstenmal in diesem Stück, hellwach. Jetzt möchte er doch lieber erschossen werden, aber der Kurfürst ist die Sache leid und besteht auf der Heirat.

Kurztext für Nervöse: Psychopathischer Feldherr führt Krieg auf eigene Rechnung; da es noch keine Atomwaffen gibt, ist die Sache noch geradezubiegen.

Für Gebildete: Kleist schickte das Manuskript des Stücks dem Kronprinzen Wilhelm von Preußen. Dem gefiel es nicht, und das war der unmittelbare Anlaß für Kleist, sich zu erschießen.

Zitierfähiges: «In Staub mit allen Feinden Brandenburgs!» (Vgl. auch Reagan, Ronald: «Fuck the Russians!»)

‹Der zerbrochene Krug›

Verworrener Inhalt, deshalb nur:

Kurztext für Nervöse: Dorfrichter führt auf justizübliche Weise Schadensersatzprozeß um ein Stück Keramik, das er selbst zerstört hat, weil a) das Design scheußlich war und er b) mit der Krugeigentümerin schlafen wollte.

Für Gebildete: Goethe hat diesen Einakter bei der Uraufführung persönlich ruiniert, indem er ihn auf drei Akte zerdehnte. Alle Tournee-Theater haben aus dieser Gemeinheit gelernt; damit sie sich nicht wiederholt, dauern bei Tournee-Theatern sämtliche Theaterstücke selten länger als eine Dreiviertelstunde. Selbst *‹Faust›* läßt sich in dieser Zeit über die Bühne bringen. Wenn Harald Juhnke den Mephisto spielt, entschädigt das für alles: Juhnke ist betrunken ein besserer

Schauspieler als Wildgruber nüchtern. Trotzdem leiden Tournee-Theater meist unter einer gewissen Schwierigkeit: Fernsehstars behalten von Berufs wegen längere Texte nun mal oft nicht im Kopf. Das ändert aber nichts an ihrer Beliebtheit, sondern trägt im Gegenteil viel dazu bei.

Lessing, Gotthold Ephraim

lebte von 1729 bis 1781. Als Student noch recht vielversprechend, wandte er sich dem Theater zu und wurde der erste «freie Autor» Deutschlands. Er lebte nur vom Schreiben, mußte deshalb jede Arbeit machen, selbst die unanständige des Literaturkritikers. Mit dem damaligen Literaturpapst Johann Christoph Gottsched hatte er dauernd Krach, aber er bereitete trotzdem sozusagen das Mistbeet für die deutsche Klassik, in das zehn Jahre später Goethe und Schiller ihren Samen einbrachten. Fünf Jahre vor dem Tod heiratete er noch eine Witwe mit vier Kindern, das konnte sein frühes Ende aber auch nicht aufhalten.

Emilia Galotti

ist eine schöne Bürgertochter, die ein Graf heiraten will. Einem Prinzen gefällt sie aber auch. Er läßt sie in sein Schloß entführen, und der Graf wird bei dem Überfall schwer verwundet. Obwohl, das beweist Lessings Text, der Prinz Emilia ganz klar gefällt («Ich habe Blut, mein Vater, so jugendliches, so warmes Blut»), hat sie durch den Überfall einen so schweren Schock erlitten, daß sie sich umbringen will. Das verhindert ihr umsichtiger Vater; er sticht ihr selber den Dolch ins Herz.

Kurztext für Nervöse: Ungeschickte Werbung eines Prinzen scheitert an ihrer stümperhaften Ausführung.

Für Gebildete: Goethe läßt zwei Jahre nach der Uraufführung des Stücks seine Romanfigur Werther die letzten Szenen von ‹*Emilia Galotti*› lesen, bevor sich Werther erschießt. Das hat seinen Grund; in einem klassischen Roman muß, wie in einem klassischen Theaterstück, jede Handlung motiviert sein.

Zitierfähiges: «Die Kunst geht nach Brot.» – «Raffael wäre ein großer Maler geworden, selbst wenn er ohne Hände auf die Welt gekommen wäre!» – «Perlen bedeuten Tränen.» (Besonders die Perlen der Klassik!) – «Eine Rose gebrochen, ehe der Sturm sie entblättert.»

‹Minna von Barnhelm oder das Soldatenglück›

ist ein sehr tragisches Stück. Obwohl dieser Schauspielführer (wie die zeitgenössischen Regisseure) zwischen Komödien und Tragödien meist nicht mehr unterscheidet, muß klar gesagt werden: Dieses Stück ist eine Tragödie! Tellheim, ein Major, ist vor seiner Verlobten Minna zur Armee geflüchtet, und er hat alles daran gesetzt, der denkbar schlechteste Heiratskandidat zu werden, den man sich nur vorstellen kann. Er hat sich vorsätzlich verwunden lassen, und er behauptet, alles Geld, das er noch besitzt, gehöre anderen Leuten. Um das allen zu beweisen, läßt er demonstrativ auch noch seinen Verlobungsring versetzen und will aus dem Gasthaus ausziehen, weil er es angeblich nicht mehr bezahlen kann.

Seine Verlobte ist ihm nachgereist und durchschaut sein ungeschicktes Spiel. Tellheim aber bleibt fest, selbst als sie ihm eine hohe Versorgungsrente vom König beschafft. In ihrer Verzweiflung greift sie zum letzten Mittel. Sie erklärt, ihr reicher Onkel würde sie enterben, wenn Tellheim sie nicht heirate. Da wird Tellheim hellhörig. Daß sie einen reichen Onkel hat, dessen alleinige Erbin sie ist, hatte sie nie erwähnt. Er läßt durch seinen Diener Just ihre Angaben unauffällig nachprüfen, und sie erweisen sich als zutreffend. Im fünften Akt steigert sich das Stück zu seinem tragischen Schluß. Minna hat ihren Verlobungsring noch, und auch Tellheims Ring ist nicht versetzt worden. Das Schicksal nimmt seinen Lauf: Tellheim schließt fest die Augen, denkt an Minnas Geld und nimmt sie in die Arme. Sie werden heiraten.

Kurztext für Nervöse: Aufdringliche Verlobte besteht auf Heirat, obwohl Major sie mit allen Mitteln zu verhindern sucht.

Für Gebildete: Friedrich II. ließ dieses Stück sofort verbieten, weil andere Kriegsopfer nicht auch auf die Idee gebracht werden sollten, Rentenanträge zu stellen.

‹Nathan der Weise›

ist eindeutig Lessings reifstes Stück. Es untersucht die Frage, welche Religion die einzig Richtige ist. Am Anfang des Stücks kommt der Kaufmann Nathan aus dem Urlaub zurück und erfährt, daß während seiner Abwesenheit das Haus samt Stieftochter fast abgebrannt wäre, wenn ein Kreuzritter (der wahrscheinlich selbst gezündelt hat) das Feuer nicht hilfsbereit gelöscht hätte. Diesen Kreuzritter hatte der Sultan Saladin gefangen, aber freigelassen; er wollte nicht, daß die Christen sein Land als Vergeltung völlig einäschern. Davon abgesehen ist der Sultan völlig pleite. Er will bei Nathan, den man «den Weisen» nennt, da er immer Geld hat, welches borgen. Ein CIA-Agent will den Kreuzritter zu den christlichen Milizen schicken, aber er läßt sich nicht darauf ein. Nathan will sich bei ihm für das Löschen des Hauses und seiner Stieftochter Recha bedanken. Der Kreuzritter jedoch hat religiöse Vorurteile und weist den Dank des jüdischen Kaufmanns zurück. Nathan befreit den Kreuzritter von seinem völlig antiquierten Weltbild: Es kommt, davon überzeugt er ihn, im Leben keinesfalls darauf an, ob einer Jude ist oder Moslem oder Christ, sondern nur darauf, daß er immer genug Geld hat. Der Kreuzritter begreift das, und die beiden schließen

Freundschaft. Danach kommt der Sultan Saladin und stellt Nathan die Frage, welche Religion die beste sei. Er bekommt dieselbe Antwort. Nathan verdeutlicht die Situation am Beispiel der berühmten «Ring-Parabel»: Wenn ein Vater nur einen wertvollen Ring hat, den er bei seinem Tode nur einem von drei Söhnen vererben kann, gibt es zwischen den Söhnen Streit. Hat er aber drei Ringe, bleiben die Söhne einander gewogen. Der Sultan ist tief bewegt und bekommt Geld für seine Staatskasse. Der Kreuzritter heiratet schließlich Nathans Stieftochter Recha: Sie hat eine Christin zur Mutter, einen Juden zum Vater, und sie ist in der Koran-Schule erzogen, aber der Kreuzritter ist geläutert: Er hat begriffen, daß derlei völlig unwichtig ist und worauf allein es ankommt.

Kurztext für Nervöse: Geld überwindet selbst religiöse Vorurteile.

Für Gebildete: Gebildeten verdeutlicht das Stück, wie alle Probleme der arabischen Welt einschließlich des Terrorismus-Problems im Handumdrehen zu lösen wären: Mit Geld, mit ungeheuer viel Geld!

Zitierfähiges: «Es ist Arznei, nicht Gift, was ich dir reiche.» – «Kein Mensch muß müssen.» – «Es sind nicht alle frei, die ihrer Ketten spotten!» – «Jeder liebt sich selber nur am meisten!» – «Tut nichts, der Jude wird verbrannt.»

Molière (Jean-Baptiste Poquelin)

lebte von 1622 bis 1673, und auch er ist ein Beweis dafür, daß Berühmtheit nach dem Tode meist durch Leiden zu Lebzeiten erkauft werden muß. Wo das anders ist, handelt es sich entweder um keinen bedeutenden Künstler oder aber um Goethe.

Molière war der Sohn eines schwerreichen königlichen Hoftapezierers. Er studierte nach dem Jesuitenkolleg Jura, und dann hatte er das Pech, einer Schauspielerin zu begegnen, in die er sich verliebte. Um ihr zu gefallen, gründete er eine Schauspieltruppe und zog mit ihr durch Frankreich. Wie jeder Mäzen mochte der König dieses Theater nur so lange, bis es ihn in Frage stellte. Molière fiel in Ungnade, und daß er die Tochter seiner Geliebten heiratete, gab ihm den Rest.

Bezeichnenderweise brach er in einer Aufführung des Stücks *‹Der eingebildete Kranke›* zusammen. Das bestätigt die Tatsache, daß auch Hypochonder ernstlich krank sein können, also nicht jeder von ihnen wirklich ein solcher ist.

‹Der eingebildete Kranke›

Argan, der Titelheld dieses Stücks, läßt sich von seiner Frau einreden, er müsse sich untersuchen lassen, und er läßt Schulmediziner zu sich kommen. Natürlich finden solche Ärzte immer mindestens eine Krankheit, denn sie wollen ja ihre Kunden nicht verlieren. Heute nimmt kein vernünftiger Mensch einen dieser Halbgötter in Weiß noch ernst, aber zu Molières Zeit war das noch anders. Argan glaubt den Ärzten und will seine Tochter Angélique, die einen anderen liebt, sogar mit einem Arzt verheiraten. Doch ein Dienstmädchen, das nur zum Heilpraktiker geht, durchkreuzt diesen Plan. Argan stellt sich tot. Seine Frau freut sich auf die Erbschaft, aber seine Tochter trauert. Argan merkt, was mit den Ärzten

»WENN ICH MOLIERE INSZENIEREN SOLL, DANN WIRD MIR BEWUSST, DASS ICH AUF DER RIESENORGEL DER REGIE=KUNST NUR MIT EINEM FINGER RECHT UND SCHLECHT ZU SPIELEN VERMAG", SAGTE KORTNERS FRITZ.
»SOLCHE SCHWACHHEITEN KANN MAN SICH BEIM ZDF NICHT ERLAUBEN, DA MUSS MAN SEIN INSTRUMENTARIUM VOLL DRAUF HABEN« SAGT REGISSEUR HARNEMANN.

los ist, er schmeißt sie alle raus, und seine Tochter darf ihren Geliebten heiraten, allerdings nur unter einer Bedingung: Er muß Akupunktur und Handauflegen studieren.

Kurztext für Nervöse: Tragischer Held wird nicht von Schulmedizin geheilt, aber vom Glauben an sie.

Für Gebildete: Gebildete wissen, daß jede Krankheit eine psychosomatische ist.

Zitierfähiges: «Ach, es gibt keine Kinder mehr!» (Der Begriff «Apothekerrechnung» stammt auch aus diesem Stück. Was wären wir ohne die Klassiker!)

‹Der Geizige›

ist die tragische Geschichte eines Vaters, der für seine Kinder nur das Beste will. Er hat für seinen Sohn eine reiche Witwe aufgetrieben und für seine Tochter einen etwas angegrauten Millionär. Wie immer zweifeln die Kinder an der Weisheit des Vaters. Sohn und Tochter wollen andere heiraten, die jünger und schöner sind. Der Vater aber weiß, was Sache ist; Jugend und Schönheit vergehen, Geld aber wird von Tag zu Tag mehr.

Als das Stück so weit gediehen ist, tritt plötzlich ein unerwartetes Ereignis ein: Der kluge Vater hat sein Vermögen im Garten vergraben, und es wird gestohlen. Ein junger und schöner Geliebter der Tochter jagt dem Dieb das Geld ab, und als er es wiederbekommt, verliert der Vater vor Freude darüber den Verstand. Er vergißt alle Vernunft und läßt seine Kinder heiraten, wen sie wollen. Als sich alle Schauspieler am Schluß des Stücks verbeugen, ist das tragische Ende der beiden jungen Paare schon absehbar.

Kurztext für Nervöse: Kluge Pläne eines weisen Vaters werden von törichten Kindern durchkreuzt. Zwei Eheschließungen.

Für Gebildete: Gebildete haben ihren Wilhelm Reich gelesen, und sie wissen, wie lange Sexualität zwei Menschen zusammenhalten kann: Maximal vier Jahre. Es dauert gewöhnlich drei weitere Jahre, bis sie das begreifen. Deshalb nennt man das siebte Ehejahr auch «Jahr der Erleuchtung».

‹Der Menschenfeind›

In diesem Stück scheitert der Held namens Alceste vor allem daran, daß er einem Lyriker die Wahrheit über Gedichte sagt. Er hat überhaupt vollkommen falsche (zumindest unpraktische) Vorstellungen von Ehrlichkeit. Er liebt eine interessante Frau, die ihn weniger liebt und klug genug ist, es sich wegen eines Mannes nicht mit allen zu verderben.

Weltfremd, wie er ist, will er sich jetzt ausgerechnet deren Cousine zuwenden, was natürlich schiefgeht. Erstens will keine Frau einen Mann, der von einer anderen gerade einen Korb bekommen hat, und selbst wenn sie ihm das noch verziehen hätte, Literaturkritik verzeiht niemand. Als Alceste einem Lyriker sagt, daß er dessen Gedichte für völlig bescheuert hält, muß er sich duellieren, und er macht jenen Fehler, den man «Alcestes Inkonsequenz» nennt: Er tötet den Lyriker nicht und muß sich deshalb am Schluß des Stücks in die Einsamkeit zurückziehen.

Kurztext für Nervöse: Die Welt ist, wie sie ist – wer die Wahrheit sagt, wird überall rausgeschmissen.

Für Gebildete: Gebildete erwecken immer den Eindruck, als hielten sie Karl Krolow oder Wolf Wondratschek für bedeutend, lesen aber im stillen Kämmerlein Simmel oder (schlimmer noch) Süskind.

‹*Tartuffe*›

ist die tragische Geschichte eines Gurus, der wie viele Angehörige seiner Spezies völlig verkannt und schließlich verfolgt wird.

Vom ersten Augenblick an ist Orgon, ein reicher Pariser, von Tartuffe begeistert. Tartuffe ist nicht nur fromm, sondern auch arm, und Orgon nimmt nicht nur Sannyas, sondern auch den göttlichen Meister in sein Haus auf. Wie immer in solchen Fällen ist die Familie Orgons (dessen Namen der Regisseur am besten wie Oregon aussprechen läßt) gegen den Guru. Dabei will der nichts, was für Orgon nicht gut wäre. Er will nicht nur zu seiner Erleuchtung beitragen, sondern meditiert auch mit dessen Frau und Tochter, was nur logisch ist. Jeder verehrungswürdige Meister will nicht nur seine Jünger (vor allem vom Vermögen) befreien, sondern auch deren Angehörige. Tartuffe ist also eindeutig ein Ehrenmann, dem Orgon gerne den Besitz an seinem Haus überschreibt. Dann fällt Tartuffe aber einer Intrige zum Opfer.

Orgons Sohn veranlaßt seinen Vater, sich im Haus zu verstecken, und als der verehrungswürdige Meister mit Orgons Frau meditiert, hält das der verblendete Orgon für Geschlechtsverkehr. Selbst wenn es so wäre: Jeder Guru weiß, was für seine Schüler richtig ist, und wenn er mit deren Ehefrauen schläft, beweist das nur seine Güte: Er will sie damit nur sozusagen reinigen, mit göttlicher Energie aufladen. In seiner Verwirrung will Orgon den Meister aus dem Haus werfen, aber Gott sei Dank hat er es ihm schon überschrieben, damit es in einen Ashram verwandelt werden kann. Als Orgon und seine Angehörigen völlig verarmt auf der Straße stehen, wären sie ihrer Erleuchtung schon ein gutes Stück näher gekommen, ereignete sich jetzt nicht eine unbeschreibliche Niedertracht: Der französische König hat, vermutlich durch den Sektenbeauftragten, von der Sache Wind bekommen! Er läßt den Verehrungswürdigen verhaften und ausweisen. Kein Herrscher kann dulden, daß sich andere die Seelen (und besonders den Besitz) seiner Schäflein unter den Nagel reißen. Deshalb wird Orgons endgültige Erleuchtung vereitelt. Einmal mehr ist ein Guru völlig mißverstanden worden.

Kurztext für Nervöse: Konflikt zwischen etabliertem Herrscher und erleuchtetem Meister um Seelen und Vermögen.

Für Gebildete: Gebildete brauchen keine geistigen Lehrer, sie werden ggf. selbst zu solchen.

Nestroy, Johann Nepomuk

lebte von 1801 bis 1862 in Wien. Er studierte erst Jura, dann Gesang und begriff, hochintelligent, wie er nun einmal war, daß die Oper seine Sache nicht ist. Er mußte gleich bei seinem ersten Engagement in Mozarts ‹*Zauberflöte*› den Sarasto singen, und das schaffte ihn so, daß er danach nur noch Theater spielen und Stücke schreiben wollte. Das machte er dann auch mit durchschlagendem Erfolg. Er kümmerte sich nicht darum, berühmt zu werden, sondern er machte seine Arbeit ordentlich. Er schrieb für das nichtstudierte Volk, übte brillant Kritik an den Verhältnissen in Metternichs Law and Order-Österreich. Zu vielen seiner Inszenierungen wurden Polizisten abgeordnet, die mitschreiben mußten. Wenn er selbst auf der Bühne stand, änderte er die Texte und verspottete die Kohls und Genschers seiner Zeit mit ätzendem Spott. Viele seiner Stücke sind heute nicht mehr aktuell – was noch aufgeführt wird, ist so gut, daß Nestroy 1985, mehr als hundert Jahre nach seinem Tod (im deutschen Sprachraum und Österreich), fast so viele Zuschauer hatte wie der Geheimrat Goethe.

Wenn der Regisseur nicht den Fehler macht, Schauspieler in Hamburg österreichisch sprechen zu lassen, sind Nestroys Stücke immer verständlich. Deshalb hier nur eine einzige Kostprobe.

‹Der Talisman›

erzählt die Geschichte eines Friseurgesellen, der vom Schicksal fürchterlich geschlagen ist, denn er hat rote Haare. Nur eine gleichfalls mit rotem Haar gesegnete Magd will etwas von ihm wissen, aber auf die steht Titus nicht. Er hat keine Ahnung, wie gut Rothaarige im Bett sind. Er rettet dem Friseur das Leben, bekommt als Dank dafür eine schwarzhaarige Perücke, die sich tatsächlich als wunderbarer Talisman erweist. Jetzt, wo er schwarze Haare hat, reißen sich verständlicherweise alle Frauen um ihn. Besonders die reichen Witwen, die ihn immer in die Anzüge der verstorbenen Männer stecken. Als die Perücke geklaut wird, will wieder niemand etwas vom roten Friseur wissen, aber dann kommt sein reicher Onkel. Titus bekommt ein großes Friseurgeschäft, und jetzt wollen ihn wieder alle Frauen. Er aber ist von ihnen völlig bedient und wendet sich der rothaarigen Magd zu.

Kurztext für Nervöse: Schleichwerbung für Zweithaar; rothaariger Friseur mit schwachem Selbstwertgefühl wird erst durch Perücke, dann durch Geld therapiert.

Für Gebildete: Mal wieder klar: Die Roten halten immer zusammen, und man kann ihnen nie trauen!

Schiller, Friedrich von

lebte von 1759 bis 1805 und gehört etwa so zum Goethe wie der Böll zum Grass. Er wurde in Württemberg geboren, dessen Herzog die schlechte Gewohnheit hatte, männliche Untertanen als Söldner ins Ausland zu verkaufen. Schiller studiert Medizin, muß danach auf die Militärakademie, wo er nachts unter der Bettdecke heimlich sein Theaterstück *‹Die Räuber›* schreibt. Nach dessen erfolgreicher Uraufführung muß er ins Ausland fliehen, und er flieht nach Oggersheim, wo schon damals nichts los war. Unermüdlich schreibt er trotz Hunger ein Stück nach dem anderen, bekommt auch eine Stelle als Hausdichter beim Theater in Mannheim. Als dort sein Vertrag nicht verlängert wird, fährt er nach Weimar, aber Goethe ist gerade vor der Freifrau von Stein nach Italien geflüchtet. Schiller schreibt weitere Theaterstücke, dann kommt Goethe zurück und ist sich noch nicht klar, was er mit Schiller machen soll. Er besorgt ihm erst mal eine Professur in Jena, wo Schiller eine Vorlesung mit dem Titel *‹Was heißt und zu welchem Ende studiert man Universalgeschichte?›* hält. (Um nach dem Studium auch Professor zu werden, ist doch klar!) 1790 erkrankt Schiller endlich an einer Lungenentzündung, und Goethe hat keine Angst mehr vor ihm, weil Schiller völlig geschwächt ist. Die beiden werden Freunde, Goethe erklärt ihm, wie man bei Hofe anständig ißt, holt ihn an sein Theater und läßt ihn in den Adelsstand erheben, als Schiller schon so schwach ist, daß er sich auch dagegen nicht mehr wehren kann. Während Goethes Theaterstücke lyrisch sind wie Gedichte, sind selbst Schillers Gedichte dramatisch, wie Theaterstücke sein sollten. Die «Schillerlocken» in Fischgeschäften hat er genausowenig erfunden wie Mozart die «Mozartkugeln» in der Konditorei. Die Völker ehren lediglich bedeutende Männer des Geistes auf diese nahrhafte Weise.

‹Don Carlos, Infant von Spanien›
vermittelt dem Zuschauer vom ersten Augenblick an den Eindruck, daß Carlos, der Sohn des Königs, nicht gut drauf ist. Er schweigt, kaut nervös an den Fingernägeln und ist allgemein depressiv gestimmt. Daß er Grund dafür hat, verrät er aber nicht seinem Beichtvater, sondern erst seinem Jugendfreund, dem Malteser-Ritter Marquis von Posa. Als der von einer Reise zurückkommt und fragt, was denn los sei, erfährt er, daß Carlos unglücklich verliebt ist. Der Marquis versteht das nicht, will wissen, gegen wen er liebt, und Carlos lügt mit schamhaft gesenkten Wimpern, daß sein Herz noch immer für Elisabeth von Frankreich schlage, mit der er einst verlobt war. Die habe aber jetzt sein Vater Philipp geheiratet, und sie sei seine Stiefmutter. Anstatt die Situation so zu verstehen, wie sie ist, glaubt der Marquis dem Carlos diese Schutzbehauptung und sorgt für ein Rendezvous mit der Angebeteten. Die kennt ihren Carlos gut genug, um ihm kein Wort von seinen Liebesschwüren zu glauben. Sie verweist ihn auf seine wahre Liebe, redet von Spanien, da sie vermutet, daß König Philipp hinter der Kulisse lauscht. Als Philipp dann kommt, wird klar, daß er längst durchschaut, was läuft. «Der Knabe Don Carl fängt an, mir fürchterlich zu werden», erklärt er nachdenklich, und wie viele Väter, die sich nicht anders zu helfen wissen, läßt er in Flandern ein Blutgericht veranstalten, um sich etwas abzulenken. Das ändert auch nichts an der Sache, um die es eigentlich geht. Carlos und der Marquis von Posa schließen einen Freundschaftsbund auf ewig – «in des Wortes verwegenster Bedeutung», sagt uns Schiller –, und wer jetzt noch nicht versteht, wen Carlos wirklich liebt, der ist selbst schuld. Vor dieser seiner einzig wahren Liebe möchte Carlos flüchten. Er bittet Philipp, ihn mit dem Heer ins besetzte Flandern zu schicken. Klar, daß er dem Marquis damit imponieren will, aber Philipp denkt an

die vielen Männer beim Heer und schlägt seinem Sohn die Bitte um den Oberbefehl ab. Jetzt bringt eine Intrige der Prinzessin von Eboli die Ereignisse durcheinander. Sie hat sich in Carlos verliebt, glaubt ihn umdrehen zu können und bestellt ihn durch einen Brief ohne Absender zu einem Rendezvous. Carlos eilt aufgeregt zum Treffpunkt, trifft dort aber nicht den Marquis, sondern die Eboli, die ihn völlig kalt läßt. Er redet sich wieder mit seiner angeblichen Liebe zur Stiefmutter heraus, König Philipp wird mißtrauisch und bestellt den Marquis zu sich, weil er dem auf den Zahn fühlen will. Der Marquis schmeichelt sich beim König ein, läßt sich einen Haftbefehl für Carlos aushändigen, um den Freund nach Flandern in Sicherheit bringen zu können und endlich mit ihm allein zu sein. Carlos versteht das völlig falsch. Er fühlt sich von Posa hintergangen, macht ausgerechnet die beleidigte Prinzessin von Eboli zu seiner seelischen Schuttkippe, und jetzt ist die Katastrophe nicht mehr aufzuhalten. Der Marquis von Posa versucht, das Leben seines Freundes zu retten, indem er mit der Behauptung operiert, er selber liebe die Königin. Posa wird erschossen, aber das schafft nur Aufschub. Als Don Carlos an Posas Leiche zusammenbricht, bekommt der König endlich Mitleid. Er nimmt eine vom Marquis noch eingefädelte Erhebung der Niederlande zum Vorwand, seinen Sohn der Inquisition zu übergeben. Das bedeutet sicheren Tod, und in diesem werden die beiden Liebenden endlich vereint sein.

Kurztext für Nervöse: Liebesbeziehung zwischen Thronfolger und Malteser-Ritter scheitert an Frauen und Politik.

Für Gebildete: Bedauerlicherweise wird dieses Schauspiel grundsätzlich falsch inszeniert; aus verständlichen Gründen!

Zitierfähiges: «In diesem Jüngling ging mir ein neuer, schöner Morgen auf.» – «Wo alles liebt, kann Karl allein nicht hassen.» – «Ein Augenblick, gelebt im Paradiese, / wird nicht zu teuer mit dem Tod gebüßt.» – «Hier ist die Stelle, wo ich sterblich bin.» – «Arm in Arm mit dir, / So fordr' ich mein Jahrhundert in die Schranken.» – «Denn Unrecht leiden schmeichelt großen Seelen.» – «Geben Sie Gedankenfreiheit!»

‹*Die Jungfrau von Orleans*› (etwa: Or-leang – *nicht* Orliens!) beginnt mit einem Vorspiel. Weil Krieg mit England geführt wird, will ein umsichtiger französischer Bauer seine drei Töchter verheiraten, damit sie später Witwenrente bekommen. Im Gegensatz zu ihren Schwestern hält Johanna nichts davon. Zufällig entdeckt jemand aus Johannas Dorf einen alten Stahlhelm auf dem Trödelmarkt. Johanna setzt ihn auf, und er paßt ihr so gut, daß sie ihn nicht mehr hergeben will.

«Mein ist der Helm, und mir gehört er zu», erklärt sie eigensinnig in Schillers poetischer Sprache. Dann zieht sie los, um in den Krieg einzugreifen. Es ist auch höchste Zeit. Die Engländer haben immer mehr Erfolg, denn Frankreichs König Karl hat mehr Spaß am Highlife als am Morden auf dem Schlachtfeld. In das nächste Gemetzel zwischen Engländern und Franzosen greift Johanna ein. Mitten in der Schlacht tritt sie mit ihrem Stahlhelm und voll Wut aus der Tiefe des Gehölzes. Die französischen Soldaten wissen, wie Frauen aus der Provence aussehen, und kämpfen weiter – die Engländer aber sehen so was zum erstenmal; ein Teil von ihnen flüchtet erschrocken, ein anderer lacht sich tot. «Schrecklich anzuschaun», schildert uns Schiller die Johanna, und das ist sie auch. Nach gewonnener Schlacht eilt sie ins Heerlager des französischen Königs. Dort herrscht dekadente Verfeinerung, und die vitale, bäuerliche Johanna erringt einen weiteren Überraschungserfolg. Zwei Ritter werden volkstümlich und wollen sie heiraten, aber Johanna gibt ihnen einen Korb.

Sie stellt den englischen Feldherrn Talbot bei der nächsten Schlacht. Der betrachtet sie überrascht, schreit «Mit der Dummheit kämpfen Götter selbst vergebens» und stirbt. Ein rätselhafter schwarzer Ritter gibt ihr den Rat, Schlachtfelder künftig zu meiden, aber Johanna hat viel zuviel Spaß an ihren Auftritten, um auf ihn zu hören. Von da an geht's mit ihr bergab. Beim nächsten Gemetzel wird sie in einen Nahkampf mit dem englischen Feldherrn Lionel verwickelt. Wie immer braucht der Gegner einige Zeit, um sich an ihren Anblick zu gewöhnen, aber sie nutzt diesmal die Überraschung des Gegners nicht, sondern ist selbst überrascht: Lionel ist sehr schön. Sie verliebt sich in ihn und tötet ihn nicht. Das ist ein Fehler. Sie wird von den Engländern gefangen, könnte mit Lionel schlafen, aber das will sie auch nicht. Noch einmal kommt sie frei, stürzt wieder in die Schlacht, aber inzwischen kennen sie die Engländer, finden sie allmählich lästig und nehmen nicht mehr gentlemanlike Rücksicht auf sie. An einer schweren Kriegsverwundung stirbt sie, nicht ohne dabei noch einmal viel pathetischen Unsinn zu reden.

Kurztext für Nervöse: Französische kalte Bäuerin erringt Überraschungserfolge auf Schlachtfeldern, bis sich die Feinde an ihren Anblick gewöhnen.

Für Gebildete: Bertolt Brecht hat 1930 in seinem Drama *‹Die heilige Johanna der Schlachthöfe›* Schillers Schlußszene großartig parodiert.

Zitierfähiges: «Wie kommt mir solcher Glanz in meine Hütte?» – «Du fragst nach Dingen, Mädchen, die dir nicht geziemen.» – «Johanna geht, und nimmer kehrt sie wieder.» – «Von wannen kommt dir diese Wissenschaft?» – «Dein Schicksal ruht in deiner eignen Brust!» – «Mit der Dummheit kämpfen Götter selbst vergebens.» – «Kurz ist der Schmerz, und ewig ist die Freude!»

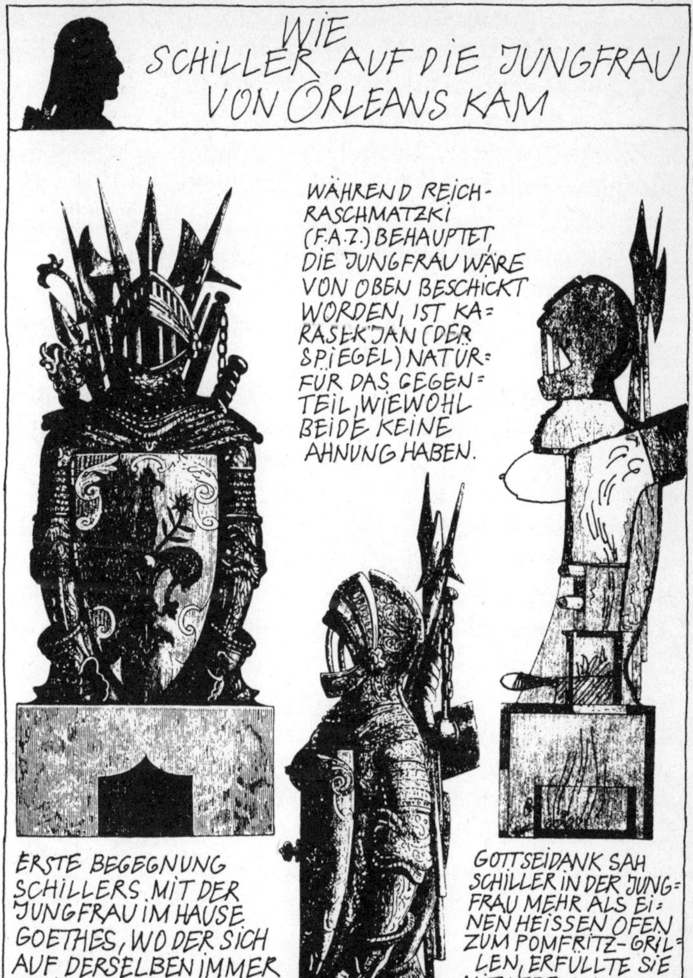
WIE SCHILLER AUF DIE JUNGFRAU VON ORLEANS KAM
WÄHREND REICH-RASCHMATZKI (F.A.Z.) BEHAUPTET, DIE JUNGFRAU WÄRE VON OBEN BESCHICKT WORDEN, IST KA=RASEK'JAN (DER SPIEGEL) NATÜR=FÜR DAS GEGEN=TEIL, WIEWOHL BEIDE KEINE AHNUNG HABEN.
ERSTE BEGEGNUNG SCHILLERS MIT DER JUNGFRAU IM HAUSE GOETHES, WO DER SICH AUF DERSELBEN IMMER ZWISCHENDURCH WAS HEISS MACHTE, DERWEIL ER DEN VERHUNGERTEN SCHILLER STUNDENLANG WARTEN LIESS.
GOTTSEIDANK SAH SCHILLER IN DER JUNG=FRAU MEHR ALS EI=NEN HEISSEN OFEN ZUM POMFRITZ-GRIL-LEN, ERFÜLLTE SIE MIT LEBEN UND MACHTE SIE ZU EI=NER DER HERRLICH=STEN UNGLÜCKLICHEN FRAUEN DER BÜHNENLITERATUR.

‹Kabale und Liebe›

«Kabale» ist ein altmodisches Wort für «Intrige», und Intrigen gibt es in diesem Schauspiel reichlich. Ferdinand ist der Sohn des Hofpräsidenten, und um an Luise heranzukommen, die Tochter eines Musikers ist, nimmt er bei ihrem Vater Musikunterricht. Der kluge Musiker sieht die Sache ganz richtig: Zwischen dem adeligen Ferdinand und der bürgerlichen Luise muß Liebe zur Katastrophe werden. Die tritt dann auch ein. Der Fürst, für den Ferdinands Vater tätig ist, hat seine Mätresse satt. Ferdinand soll sie heiraten, was er ablehnt. Er liebt Luise, die ihn auch liebt, aber leider lassen die beiden es nicht dabei bewenden, sondern sie wollen heiraten. Um Luise aus dem Weg zu schaffen, eilt Ferdinands Vater mit einem Polizei-Kommando in das Musikerhaus. Luises Vater läßt sich provozieren. Er kommt deshalb ins Gefängnis. Eigentlich sollen Luise und ihre Mutter an den Pranger, aber das verhindert Ferdinand mit einer Erpressung. Wenn seiner Geliebten auch nur ein Haar gekrümmt wird, will er öffentlich machen, daß sein Vater den Job beim Fürsten nur durch Mord an seinem Vorgänger bekommen konnte. Die Mätresse des Fürsten ist eine kluge Frau. Sie liebt Ferdinand sogar so sehr, daß sie zugunsten von Luise auf die Ehe mit ihm verzichten will. Doch inzwischen sind einige dumme Briefe geschrieben worden. Eine vernünftige Lösung des Konflikts ist nicht mehr möglich. Ferdinand und Luise trinken Limonade, die damals offenbar so giftig war wie heute der Wein ist. Beide sterben daran.

Kurztext für Nervöse: An sich mögliche befriedigende Dreierbeziehung zwischen einem Major und zwei Frauen scheitert an Intrigen und unpraktischen Moralvorstellungen. Zwei Tote.

Für Gebildete: Gebildete können heute ihre Dreiecksbeziehungen besser handhaben und sind bei der Wahl ihrer Getränke vorsichtig.

Zitierfähiges: «Unglückseliges Flötenspiel!» – «Mann des Erbarmens, stehst du noch immer da?» – «Die Limonade ist matt wie deine Seele.» – «Du bist blaß, Luise?»

‹*Maria Stuart*›

schildert den Konflikt zweier Frauen. Elisabeth ist Königin von England und will es verständlicherweise bleiben. Maria, die Königin von Schottland, hat nicht nur gleichrangigen Anspruch auf den englischen Thron, sondern sie hat ihren Mann umbringen lassen und sich in die Hände der Elisabeth begeben. Das war unklug, denn die verhaftet sie sofort. Einige englische Adelige finden die Maria attraktiv und wollen sie befreien, aber Maria vermasselt alles. Bei einer Begegnung mit Elisabeth beschimpft sie ihre regierende Kollegin und muß auf dem Schafott sterben.

Kurztext für Nervöse: Dominanz-Konflikt zweier Königinnen; die mächtigere setzt sich durch.

Für Gebildete: Gebildete denken bei jedem Auftritt der Elisabeth an Maggie Thatcher.

Zitierfähiges: «Wo das gesteckt hat, liegt noch mehr.» – «Denn ein gebrechlich Wesen ist das Weib.» (?) – «Was man nicht aufgibt, hat man nie verloren.» – «Das Wort ist tot, der Glaube macht lebendig.» – «Der Lord läßt sich / Entschuldigen, er ist zu Schiff nach Frankreich.»

‹*Die Räuber*›

Dieses Stück schildert genau und auch für unsere Zeit noch gültig, wie schnell junge Menschen aus völlig fehlgeleitetem Idealismus nicht nur Realitäten völlig verkennen, sondern auch noch zu gefährlichen Terroristen werden, die ein ausgezeichnet funktionierendes Gesellschaftssystem verändern wollen.

Der sehr begüterte Graf Maximilian von Moor hat zwei sehr verschieden geratene Söhne. Karl, ein gutaussehender Wirrkopf, studiert nicht nur wie viele, die keine rechte Lust zur Arbeit haben, sondern die Frauen mögen ihn, was ihn uns völlig suspekt macht.

Franz, der andere Sohn, ist zwar äußerst häßlich, aber er sieht die Welt realistisch und handelt entsprechend. Schon am Anfang des Stücks beweist er, wie umsichtig er eine Erbfolge zu regeln versteht. Der Vater ist alt, und damit nach seinem Tod der Besitz nicht zersplittert wird, macht Franz seinen Bruder mit Hilfe gefälschter Dokumente beim Vater madig. Karl wird daraufhin enterbt. Zugegeben; das mag nicht jedem als unbedingt anständig erscheinen, aber mit Anständigkeit hält man nun einmal das Vermögen nicht zusammen. Karl sieht die Notwendigkeit seiner Enterbung aber nicht ein, wie jeder vernünftige Sohn es täte, sondern er verzweifelt an der Welt und gründet eine terroristische Vereinigung, der es um Systemveränderung, um die Beseitigung der finanziellen Grundordnung geht. Die Sehnsucht nach seiner Braut Amalia bringt ihn dazu, sich in Verkleidung ins Elternschloß zu begeben, und er bezweifelt erneut völlig richtige Verhaltensweisen seines Bruders. Franz hat das Ableben des alten Vaters etwas beschleunigen wollen und ihn lebendig begraben lassen. Ein unvernünftiger Diener hat den Alten wieder ausgegraben und versteckt ihn in einem Hungerturm. Karl begreift nicht, daß sein Bruder aus reinen Sachzwängen heraus das einzig Richtige getan hat und der Diener aus Gefühlsduselei nur Unruhe schafft. Genausowenig sieht Karl ein, daß Amalia bei seinem pragmatischen Bruder viel besser aufgehoben wäre als an seiner Seite. Anstatt sich den Verhältnissen zu fügen, greift Karl mit seinen Terroristen das Schloß an. Es wird in Brand gesteckt. Franz begeht Selbstmord, der alte Vater stirbt vor Aufregung. Als die Mitglieder seiner Bande Amalia vergewaltigen wollen, bringt Karl das Mädchen auch noch um und stellt sich erst dann den Ordnungskräften, wobei er erneut seinen miesen Charakter beweist. Anstatt der Polizei den Erfolg zu gönnen, ihn durch eine Ringfahndung zu erwischen, begibt er sich in die Gewalt eines nur zur Zeugung von acht (!) Kindern fähigen Proleten, damit der die Staatskasse um die auf Karls Kopf ausgesetzte Prämie erleichtern kann.

Kurztext für Nervöse: Völlig seelen- und charakterloser Student wird zum Terroristen und zerstört alles.

Für Gebildete: Gebildete lassen, trotz aller Sachzwänge, alt gewordene Eltern nicht lebendig beerdigen, sondern schieben sie ins Altersheim bzw. in die Nervenheilanstalt ab.

Zitierfähiges: «Ich fühle eine Armee in meiner Faust.» – «Ein freies Leben führen wir, ein Leben voller Wonne.» – «Hab mich nie mit Kleinigkeiten abgegeben!» – «Dem Manne kann geholfen werden.» •

‹Die Verschwörung des Fiesco zu Genua›

(etwa: Fi-es-ko; nicht Fies-ko!)

In der Republik Genua ist der rechtmäßige Herrscher Andrea Doria etwas klapprig geworden. Er will seinen Neffen Gianettino zum Nachfolger machen. Von dem erwartet keiner etwas Gutes, denn er hat die Tochter des Fürsten Verrina vergewaltigt, und wer so was macht, dem ist auch politisch jede Sauerei zuzutrauen. Alle befürchten, daß er sich zum Diktator entwickeln wird. Der clevere Graf Fiesco stellt sich an die Spitze einer Verschwörung, riskiert den Aufruhr und gewinnt. Der rechtmäßige Herrscher, der alte Doria, wird verjagt, aber wie das bei Ehrgeizlingen nun mal so ist, Fiesco will nicht die Republik erhalten, sondern selber Diktator werden. Flugs stößt ihn Verrina ins Meer, wo er ersäuft, und der alte Doge Andrea Doria muß wohl oder übel weiterregieren. (Was nach seinem Tod geschieht, verrät uns Schiller leider nicht.)

Kurztext für Nervöse: Demokratisch gewählte Herrscher sind immer in Versuchung, zu Diktatoren zu werden.

Für Gebildete: Gebildete wissen das und halten es für selbstverständlich. Auch wenn man nicht die Absicht hat, Diktator zu werden, ist es kein Fehler, schwimmen zu lernen.

Zitierfähiges: «Es ist schimpflich, eine Börse zu leeren, es ist frech, eine Million zu veruntreuen, aber es ist namenslos groß, eine Krone zu stehlen!» – «Donner und Doria!» – «Der Mohr hat seine Arbeit getan, der Mohr kann gehen.» – «Wenn der Purpur fällt, muß auch der Herzog nach.»

‹Wallenstein›

ist vor allem viel zu lang für einen einzigen Theaterabend, und deshalb verteilen gnädige Intendanten und Regisseure die Geschichte auf zwei Abende. Sie beginnt mit einem Vorspiel, das schildert, wie es im Dreißigjährigen Krieg zuging; übel wie in jedem Krieg! Die Soldaten plündern und wollen Bauern aufhängen, die ihren gestohlenen Besitz durch Falschspiel zurückgewinnen wollen. Als ein Kapuziner eine jener Strafpredigten hält, für die diese Mönche berühmt sind, wird er weggejagt. Im übrigen lieben die Soldaten ihren Beruf, und ihren Feldherrn Wallenstein lieben sie auch. Am Schluß des Vorspiels singen sie das ergreifende Lied «Wohlauf, Kameraden, aufs Pferd, aufs Pferd». (Wenn der Regisseur gut ist, bringt er ein paar Gäule auf die Bühne.)

Der I. Teil heißt dann *‹Die Piccolomini›*. Er macht dem Zuschauer klar, daß Wallenstein, statt als treuer Feldherr für seinen Kaiser zu morden und zu brandschatzen, auf eigene Rechnung Krieg führen will. Seine Freunde sind teils dafür, teils dagegen, und der kluge Astrologe Seni ergeht sich in dunklen Andeutungen, die Wallenstein auch nicht helfen.

Der II. Teil heißt und schildert «Wallensteins Tod». Wallenstein verbündet sich mit schwedischen Truppen gegen seinen Kaiser, aber seine Offiziere sind nach wie vor nur zum Teil dafür. Obwohl Wallensteins Astrologe warnt, paßt Wallenstein nicht auf und wird von kaisertreuen Offizieren erschlagen.

Kurztext für Nervöse: Feldherr will an die Macht, aber scheitert am Astrologen. Entweder stimmen dessen Berechnungen nicht, oder sie stimmen ausnahmsweise, und Wallenstein nimmt sie nicht ernst. Unzählige Tote.

Für Gebildete: Gebildete glauben nicht an Astrologie, lesen aber immer ihr Horoskop.

Zitierfähiges: «Dem Mimen flicht die Nachwelt keine Kränze.» – «Ernst ist das Leben, heiter die Kunst.» – «Wie er sich räuspert und wie er spuckt, das habt Ihr ihm glücklich abgeguckt.» – «Der Bauer ist auch ein Mensch – sozusagen.» – «Leben und leben lassen.» – «Was nicht verboten ist, ist erlaubt.» – «Spät kommt Ihr, doch Ihr kommt! Der weite Weg entschuldigt Euer Säumen.» – «Der Krieg ernährt den Krieg.» – «Vor Tische las man's anders.» – «Ich hab hier bloß ein Amt und keine Meinung.» – «Leicht beieinander wohnen die Gedanken, / Doch hart im Raume stoßen sich die Sachen.» – «Die Sterne lügen nicht.» – «Man soll den Tag nicht vor dem Abend loben.» – «Des Menschen Engel ist die Zeit.»

‹Wilhelm Tell›
kann heute weniger als Schauspiel für das Theater verstanden werden denn als schwerer Schicksalsschlag für Untertertianer, zu deren Folter das Stück heute vorwiegend verwendet wird.

Zuerst erzählt ein Fischerknabe davon, wie er einmal am liebsten ins Wasser gegangen wäre, als er begriff, was es bedeutet, als Schweizer geboren zu sein. Da stürzt der Schweizer Baumgarten auf die Bühne und vertieft unser Bild von der rechten Schweizer Art. Seine Frau hat sich ein bißchen zu lange mit einem der österreichischen Landvogte unterhalten. Baumgarten hat dem mit der Axt den Schädel gespalten und will jetzt über den See flüchten. Ein Fischer soll ihn über das Wasser in Sicherheit bringen, aber der hat keine Lust dazu, weil ein Gewitter aufkommt und ein echter Schweizer dann um sein Boot fürchtet. Gerade rechtzeitig kommt Tell, erklärt, daß der brave Mann an sich zuletzt denke, und bringt den Baumgarten (mit dem fremden Boot, versteht sich) über das Wasser. Seine österreichischen Verfolger restaurieren ein Stück ursprüngliche Schweizer Landschaft; sie zerstören einige Bungalows, und wir erfahren, daß sie sich auch sonst bemühen, Kultur in die Schweiz zu bringen. Die Schweizer aus dem Kanton Uri müssen sogar einen Hut auf einer Stange grüßen, damit sie mehr Höflichkeit lernen. Das geht denen aber gewaltig gegen den Strich, denn was ein echter Schweizer ist, der grüßt niemanden, und schon gar nicht zuerst. Wütend schwören die Schweizer, daß sie die Österreicher vertreiben wollen, an die uns die nächste Szene wieder erinnert.

Wilhelm Tell grüßt auch nicht, wie es sich gehört, und er soll deswegen verhaftet werden. Der gefürchtete Landvogt Geßler gibt ihm aber die Chance, statt dessen auf dem Kopf des vielversprechenden jungen Tell-Sohnes Apfelmus zu bereiten. Das macht Tell begeistert, dann wird er trotzdem verhaftet. Jetzt muß ein Schweizer sogar zusammen mit Österreichern auf ein Schiff, und dabei gibt es wieder Panik. Eine leichte Brise kommt auf, die Österreicher zittern, und Tell springt ans Ufer. Sein Entschluß steht fest: Er wird den Landvogt mit der Armbrust umbringen, denn er hat inzwischen begriffen, daß dieser Apfelschuß ziemlich gefährlich für seinen Sohn war. In einer hohlen Gasse legt er sich auf die Lauer. Der Landvogt kommt, schon ist er tot. Das halten die Schweizer für das Signal zum Aufstand. Überall werden die Burgen der Österreicher angegriffen, der habsburgische Kaiser wird erschlagen, und die Schweizer jubeln. Jetzt können sie endlich jenes Land schaffen, das wir alle kennen und lieben; das Land des Schweizer Käses, der Schokolade und der teuren Armbanduhren. Das Land der großen Banken, wo Fremde noch immer gehaßt werden, wenn sie nicht genug Geld mitbringen, und keiner freundlich grüßt, schon gar nicht zuerst. Eine Marine haben die Schweizer aber klugerweise noch immer nicht.

Kurztext für Nervöse: Das starke Stück mit dem Apfelmus.

Für Gebildete: Gebildete wissen, wie heimtückisch Gebirgsbewohner sein können. Wenn Leonid Breschnew Schiller gelesen hätte, wäre ihm die Sache mit Afghanistan nie passiert.

Zitierfähiges: Der ‹*Tell*› ist kein Schauspiel mit einigen Zitaten, sondern eine riesige Zitat-Halde. Hier einige der schönsten: «Es lächelt der See, er ladet zum Bade.» – «Vom sichern Port läßt sich's gemächlich raten.» – «Der kluge Mann baut vor.» – «Dem Mutigen hilft Gott.» – «Der Starke ist am mächtigsten allein.» – «Ich bin der letzte meines Stammes.» – «Früh übt sich, was ein Meister werden will.» – «Die Axt im Haus erspart den Zimmermann.» – «Wer gar zuviel bedenkt, wird wenig leisten.» – «Und allzu straff gespannt zerspringt der Bogen.» – «Und neues Leben blüht aus den Ruinen.» – «Das ist Tells Geschoß!» – «Ihr habt ein schön Geläute, Meister Hirt.»

Scribe, Eugène (etwa: Skribe)

lebte von 1791 bis 1861. Der Sohn eines Seidenhändlers brach sein Jura-Studium ab, schrieb mehr als 300 Theaterstücke, wobei er keine großen Kunstwerke schaffen wollte, sondern nur sein Publikum unterhalten. Das konnte er meisterhaft. Noch heute träumen Fernsehdramaturgen (besonders in Frankfurt) von seinen «gut gebauten Stücken», wollen aber gleichzeitig das Abendland retten. Zu ihrem Kummer funktioniert das leider nicht. Scribe setzte als erster die Autoren-Tantieme durch. Als ihm keiner mehr Aufträge erteilte, hörte er zu schreiben auf. Eines seiner Meisterwerke hat die Zeitläufte bis heute überdauert und wird regelmäßig aufgeführt.

‹Das Glas Wasser›

Zu Beginn des 18. Jahrhunderts führt England mal wieder Krieg mit Frankreich. Ein Friedensangebot der Franzosen wird am englischen Hof verschieden aufgenommen. Lord Bolingbroke möchte, daß es angenommen wird. Als Chef der «Tauben» könnte er dann Premierminister werden. Der Herzog von Marlborough (wie die Zigarette!) ist gegen Frieden, weil er am Krieg verdient. Die Königin von England hat, wie es sich für sie gehört, keine eigene Meinung, aber damals hatte sie noch etwas zu sagen. Leider steht sie völlig unter dem Einfluß der Herzogin von Marlborough. Zur Freude des Theaterbesuchers sind aber beide Frauen in denselben Offizier verliebt. Lord Bolingbroke handhabt diesen eifrigen Springer so gekonnt wie Kasparow die seinen; am Ende des Stücks gibt es Frieden, Lord Bolingbroke wird Premierminister, und nur der junge Offizier ist etwas erschöpft.

Kurztext für Nervöse: Wo sich die Königin noch verlieben kann, ist der Frieden nie weit.

Für Gebildete: Gebildete wissen, daß Klassik durchaus kein Synonym für Langeweile ist.

Shakespeare, William (etwa Schäk-spier, Willjäm)

lebte von 1564 bis 1616, und seine Stücke sind noch 400 Jahre später so ziemlich das Beste, was das Sprechtheater zu bieten hat. Aus dem spärlichen Material, das es über ihn gibt, ist ersichtlich, daß er seine Geburtsstadt Stratford-on-Avon überstürzt verließ, um einer Strafe wegen Wilddieberei zu entgehen. In London hat er sich vom Hüter der Pferde auf dem Theaterparkplatz zum Schauspieler und Regisseur hochgearbeitet und 36 Dramen geschrieben. Seine Beliebtheit brachte ihm ein erhebliches Vermögen ein. 1599 wurde er Teilhaber des Globe Theatre, die klassikerübliche Italien-Reise hat er vermutlich um 1594 absolviert.

Obwohl Shakespeare keinen Wert darauf legte, jemals einen seiner Theater-Texte drucken zu lassen, sind «seine Werke» heute in sämtliche Sprachen übersetzt, und ihre Gesamtauflage wird nur von der Bibel übertroffen. Daß es sich dabei nur um einen schwachen Abklatsch seiner Arbeiten handelt, ist klar; alles, was heute als Shakespeare gedruckt wird, basiert auf unleserlichen Regiebüchern und Gedächtnisprotokollen von Schauspielern. Eine Zeitlang war es chic, zu bezweifeln, ob Shakespeare seine Stücke selbst geschrieben hat oder ob er einen oder mehrere Dichter in seinen Keller gesperrt hatte, wo sie für ihn arbeiten mußten. Diese Zweifel sind mittlerweile verstummt.

‹Antonius und Cleopatra›

fängt hervorragend an: Marcus Antonius, der eigentlich zusammen mit Octavius und Lepidus das Römische Weltreich regieren sollte, ist total auf die Ägypterkönigin Cleopatra abgefahren und handelt nach dem Grundsatz ‹Liebe ist besser als Krieg›. Seine gelangweilten Soldaten halten das für «Liebeswahnsinn», und seine Mitregenten, die keine so attraktive Geliebte haben, sind ziemlich neidisch. Erst als Sextus Pompejus in Rom die Herrschaft des Triumvirats gefährdet, löst sich Marcus Antonius widerwillig von seiner Geliebten und reist nach Rom, wo ihn Octavius sofort mit der eignen Schwester verheiratet.

Am Anfang scheint diese Vernunftehe sogar zu funktionieren, aber dann erweist sich, daß Octavia auf Dauer viel zu langweilig für den von exotischen Reizen verwöhnten Marcus ist. «Im Osten wohnt meine Lust», erkennt er, und bei der nächsten Gelegenheit eilt er wieder zu Cleopatra. Die ist zwar über seine Heirat so verärgert gewesen, daß sie den Boten verprügelte, der ihr die Heiratsanzeige brachte, aber als Marcus kommt, beweist sie Spitzenklasse. Sie nimmt ihn wieder in ihre Arme. Octavius tut so, als müsse er die Schande seiner Schwester rächen, doch in Wirklichkeit will er nur die Alleinherrschaft in Rom. Er greift Marcus Antonius an, der jetzt als Cleopatras Feldherr fungiert.

Leider ist Cleopatra, wie viele sinnliche Frauen, tagsüber nicht auch nur halb so heldenhaft wie bei Nacht. Mitten in der Seeschlacht vor Aktium wird ihr klar, daß Tote nicht mehr lieben können, und sie flieht mit ihrem Schiff. Die ägyptische Flotte folgt ihrem Beispiel. Marcus Antonius hat die erste Schlacht verloren. Bei der zweiten hat er nicht viel mehr Glück. Da verbrüdert sich mindestens die Hälfte der ägyptischen Flotte mit dem Feind. Wütend verflucht Marcus Antonius jetzt die schöne Cleopatra, aber sein Zorn auf sie hält nicht lange an. Als sie ihm mitteilen läßt, sie habe sich umgebracht, weil sie neugierig ist, wie er darauf reagiert, stürzt er sich in sein eigenes Schwert. Dann erfährt er, daß sie noch lebt, und läßt sich zu ihr tragen, um sie wenigstens vor Augen zu haben, während er stirbt. Jetzt mag Cleopatra auch nicht mehr leben. Sie kippt Giftschlangen in den Ausschnitt ihrer Bluse, und wenigstens die tun vernünftig ihre Pflicht.

Octavius aber läßt die beiden Liebenden zusammen beerdigen. Wenigstens etwas, aber im Grunde hilft ihnen das auch nichts mehr.

Kurztext für Nervöse: Ägyptische Klassefrau macht römischen Marcus Antonius zum blöden Anton.

Für Gebildete: Shakespeare hat sich von Plutarch anregen lassen, der diese Geschichte aufgeschrieben hat, um seinen Lesern klarzumachen, daß sich Leidenschaft und Politik schlecht vertragen.

Zitierfähiges: «Trinkt, bis alle Welten schwanken.» – «Cleopatra hat ihn zu sich gewinkt.» – «Wie ein brünst'ger Entrich» – «Dreifache Hure» – «Gemahl, ich komme.»

‹Hamlet, Prinz von Dänemark›

(ist Däne, deshalb ist «Häm-let» falsch!)

Am Anfang des Stücks spukt der Geist des toten Königs auf der Terrasse des Schlosses Helsingör zwischen den Blumentöpfen herum und redet mit niemandem. Erst seinem Sohn, dem Prinzen Hamlet, sagt er, daß er ziemlich sauer sei. Sein Bruder habe ihn vergiftet, um König zu werden und die Königin zu heiraten. Hamlet solle diesen Mord rächen.

Der Offizier Marcellus hat recht: «Etwas ist faul im Staate Dänemark!» munkelt er düster, und während des Schauspiels verfault es immer mehr.

Hamlet war zum Studium in Wittenberg, und wer deutsche Universitäten kennt, weiß, was sie produzieren. Blutleere, total verängstigte Intellektuelle, die vor lauter Grübelei zögern und zaudern, bis auch jede Suppe angebrannt ist. Mit der üblichen Germanisten-Depression eilt der Prinz bleich und mißgestimmt durch das Schloß. Mal verdächtigt er jeden des Mordes, mal hält er den Geist des toten Vaters für eine Vision. Natürlich merkt Hamlets Mutter, was mit ihrem

INNERHALB DER INTERNATIONALEN HILFSAKTION
»MEHR KUNST NACH BONN« NAHMEN VIER BUNDES=
TAGSABGEORDNETE AN EINER JAPANISCHEN
AUFFÜHRUNG VON SHAKESPEARES »HAMLET«
TEIL. BESONDERS. DER TOAST »SEIN ODER NICHTSEIN«
WAR FÜR SIE EINE RIESENGAUDI. HINTERHER GAB ES
ERBSENSUPPE IM FESTZELT.

Sohn los ist. Um ihn etwas abzulenken, schickt sie ihm sogar die liebreizende Ophelia ins Bett, aber die bringt weder seine Stimmung noch sonst was hoch. Hamlet läßt eine reisende Schauspielertruppe einen Mord darstellen, und dieser gruppentherapeutische Versuch gelingt. Der neue König erträgt die Inszenierung nicht, und er verläßt den Saal. Für Hamlet ist jetzt die Sache endlich klar; sein Vater wurde tatsächlich ermordet. Jetzt geht die Rache los. Nacheinander werden alle Verdächtigen teils von Hamlet umgebracht, teils bringen sie sich gegenseitig um. Ophelia erweist sich als die einzig Vernünftige: Sie wird wahnsinnig und hat deshalb wenigstens die Chance, selbst für ihren Tod zu sorgen. Sie geht ins Wasser und ertrinkt.

Hamlet aber ernennt sterbend den norwegischen Prinzen Fortinbras zu seinem Nachfolger und gibt dann mit dem Satz «Der Rest ist Schweigen» den Geist auf. Er stirbt in dem beruhigenden Gefühl, daß der kühle norwegische Militarist Fortinbras Dänemark besser regieren wird, denn er war nie auf einer Universität.

Kurztext für Nervöse: Dänischer Prinz ist nach Studium in Wittenberg so verwirrt, daß er den gesamten dänischen Hof unter die Erde bringt.

Für Gebildete: Gebildete glauben weder an Gespenster noch an Gruppentherapie, und was sie auf der Universität gelernt haben, vergessen sie sofort nach der Dissertation.

Zitierfähiges: «O schmölze doch dies allzu feste Fleisch.» – «Etwas ist faul im Staate Dänemark.» – «Mehr Dinge gibt's im Himmel und auf Erden, als Eure Schulweisheit sich träumt . . .» – «So macht das Denken Feige aus uns allen . . .» – «Oh, welch ein edler Geist ist hier zerstört!» – «In Bereitschaft sein ist alles!» – und, selbstverständlich: «Sein oder Nichtsein, das ist hier die Frage!»

‹*Der Kaufmann von Venedig*›

Ein reicher Kaufmann und Antisemit namens Antonio hat all sein Geld fest angelegt und will einem Freund finanziell unter die Arme greifen, damit der eine reiche Witwe heiraten kann. Antonios Antisemitismus hört aber spätestens dann auf, wenn er Geld benötigt. Er begibt er sich zum jüdischen Banker Shylock, um von ihm welches zu borgen. Shylock kennt seine Schuldner und verlangt von Antonio eine heute nicht mehr bankenübliche Sicherheit: Er will das Recht, aus Antonios Körper ein Pfund Fleisch herauszuschneiden, wenn das Darlehen nicht pünktlich nach drei Monaten zurückgezahlt wird. Damit er nicht vergißt, wie Christen mit Juden umgehen, wird Shylocks Tochter entführt, und bestohlen wird er noch dazu. Dann glaubt er, es den Christen endlich einmal heimzahlen zu können. Wie immer in solchen Fällen kann Antonio seine Schulden nicht pünktlich bezahlen. Shylock will sein Stück Fleisch, aber das kriegt er nicht; er soll es sich aufs hundertstel Gramm genau aus Antonios Körper schnetzeln, und zu dieser Genauigkeit ist auch Shylock leider nicht fähig. Am Schluß des Stücks darf er aber Christ werden, er muß nur sein gesamtes Vermögen seiner Tochter und deren Verführer übertragen.

Kurztext für Nervöse: Etwas niederträchtiger jüdischer Kaufmann wird von noch niederträchtigeren christlichen Kaufleuten um Tochter und Vermögen gebracht. Keine Toten.

Für Gebildete: Gebildete leihen sich kein Geld und verleihen auch keins; beides bringt meistens Ärger.

Zitierfähiges: «Gott schuf ihn, also laßt ihn für einen Menschen gelten.» – «Ein ganzer Wald von Affen!» – «Ich steh hier auf meinen Schein.»

‹König Lear› (etwa: Lier)
ist die Geschichte zweier alter Männer, die beide offensichtlich ihre Kinder falsch erzogen haben. König Lear hat seinen Beruf satt und will aussteigen. Er übergibt sein Land aber nicht der freundlichen Cordelia, sondern seinen anderen beiden Töchtern Goneril und Regan, die den ständig nörgelnden Greis aus dem Haus schmeißen und im Regen stehen lassen, wo er wahnsinnig wird. Der Graf Gloster hat ähnliches Pech mit seinen Söhnen. Edgar ist ehelich geboren, Edmund aber unehelich. Der uneheliche Sohn macht den ehelichen beim Vater madig. Edgar muß fliehen und stellt sich wahnsinnig. So kann er sich besser mit dem wirklich wahnsinnigen König Lear unterhalten. Dann wird der alte Graf Gloster auch zu Hause rausgeschmissen, aber vorher wird er noch geblendet, damit er das Elend in der Welt nicht mehr zu sehen braucht. Als die freundliche Cordelia, inzwischen Königin von Frankreich, die Engländer angreift, kommt Edmund ums Leben und der alte Lear noch mal kurz zu Verstand, aber als seine Tochter erdrosselt ist, wird er wieder verrückt und stirbt. Goneril ist schon von Regan vergiftet worden; jetzt bringt sich Regan selbst um, und da alle anderen tot sind, muß Edgar zusammen mit dem Herzog von Kent die Herrschaft übernehmen. Wer von beiden wen umbringt, erfahren wir nicht mehr; das Stück endet vorher.

Kurztext für Nervöse: Ein verbitterter und ein geblendeter Greis ernten, was sie gesät haben; Generationskonflikte auf altenglisch mit jeder Menge Wahnsinn.

Für Gebildete: Gebildete erinnert das Stück daran, daß sie ihr Haus bestellen sollten, solange sie noch halbwegs bei Kraft und Verstand sind.

Zitierfähiges: «Zuletzt, doch nicht der letzte meinem Herzen.» – «Ja, jeder Zoll ein König!» – «Narr des Glücks.»

‹Macbeth› (etwa: Meck-beß)

Von seiner karrierebewußten Frau angetrieben, bringt der Feldherr Macbeth alle um, die zwischen ihm und dem Königsthron stehen. Er setzt sich drauf, wird aber nicht glücklich, weil die Lady Macbeth unter Waschzwang leidet. Sie befürchtet (zu Recht), daß Blut an ihren Händen klebt. Als sie Selbstmord begangen hat, fällt Macbeth in einer Schlacht. Sein Kopf wird abgeschlagen und dem neuen König überbracht. Was der damit macht, verschweigen sowohl Shakespeare als auch die Hexen, die in diesem Stück immer schon vorher ankündigen, was passieren wird.

Kurztext für Nervöse: Feldherr geht über Leichen – bis er selber eine solche ist.

Für Gebildete: Gebildete erklären ihren Frauen, daß man nun mal nicht alles haben kann, was man will.

Zitierfähiges: «Komme, was kommen mag, / Die Stunde rinnt auch durch den rauhsten Tag.» – «Alle Wohlgerüche Arabiens.»

Othello, der Mohr von Venedig

ist, logisch, ein Neger, der die weiße Senatorentochter Desdemona heiratet. Der etwas rassistische Vater der Desdemona ist gegen die Mischehe, kann sie aber nicht verhindern, sondern nur seinen Schwiegersohn vor der Untreue seiner Tochter warnen. Er hätte besser vor ihrer Unordnung gewarnt! Sie bleibt zwar treu, achtet aber nicht auf ihre Sachen. Ein von Othello zuvor gekränkter Intrigant namens Jago agiert auf Zypern wie J. R. in Dallas. Er stilisiert ein Taschentuch, das Desdemona verschlampt hat, zum Indiz für Ehebruch hoch, und der eifersüchtige Othello glaubt ihm. Er erstickt Desdemona eigenhändig mit einem Kissen, die anderen Personen sind (wie meist bei Shakespeare) auch tot oder zum Tode verurteilt, und dem einzig Überlebenden, in diesem Falle Othello, bleibt nichts anderes übrig, als sich selber umzubringen, damit das Stück einen schönen Schluß hat.

Kurztext für Nervöse: Intrige plus Eifersucht plus Unordnung = jede Menge Tote.

Für Gebildete: Gebildete sind nicht eifersüchtig, dulden keine Kopfkissen im Bett und passen auf ihre Sachen besser auf als Desdemona.

Zitierfähiges: «Hast du zur Nacht gebetet, Desdemona?»

‹Romeo und Julia›

ist *die* Geschichte unglücklicher Liebe schlechthin. In Verona sind die Familien der Capulets und Montagues seit Generationen so verfeindet, daß sich ihre Mitglieder bei jeder sich bietenden Gelegenheit umbringen. Bei einem Maskenball sehen sich Romeo Montague und Julia Capulet zwar nur kurz, aber das reicht ihnen, sich total ineinander zu verlieben. Bruder Lorenzo, ein freundlicher, aber leider etwas unbedarfter Franziskaner, traut die beiden heimlich, und das Unglück nimmt seinen Lauf. Julias Vater, der von der Ehe mit Romeo nichts weiß, will sie mit einem anderen Mann verheiraten. Der Franziskaner ist gegen Bigamie und gibt der Julia einen Trank, der ihr nur den Scheintod bringt. Sie wird aufgebahrt. Pater Lorenzo aber macht sich auf den Weg zu Romeo. Er will ihn informieren, wo er seine scheintote Frau finden und wieder zu vollem Leben erwecken kann, um danach schleunigst abzuhauen. Leider läßt sich der Pater unterwegs aufhalten. Romeo kommt ahnungslos zurück und weiß nicht, was Sache ist. Er sieht Julia, hält sie für tot und will sich ablenken, indem er einen Grafen tötet, aber dadurch kann er sich nur für kurze Zeit entspannen. Er bringt sich um. Kaum ist er an Julias Bahre richtig tot zusammengebrochen, erwacht die

Scheintote, sieht den Romeo vergiftet und stößt sich den Dolch ins Herz. Als sie, diesmal richtig, gestorben ist, kommt der Franziskaner etwas außer Atem zurück. Er sieht die beiden Leichen und überlegt, was er wohl falsch gemacht haben könnte. Die Eltern der beiden Toten erklären es ihm, und die beiden Familien versöhnen sich, aber das macht nun mal leider keinen der Toten mehr wieder lebendig.

Kurztext für Nervöse: Gutmütiger, aber leider etwas vertrottelter Franziskaner-Pater vermasselt wirklich alles.

Für Gebildete: Vielleicht ist der Pater Lorenzo viel klüger, als alle annehmen! – Was, wenn er den Doppelselbstmord der beiden Liebenden planmäßig gefördert hat, damit es wenigstens ein einziges leidenschaftliches Paar in der Geschichte gibt, dessen glühende Liebe tatsächlich dauert, bis daß der Tod die Liebenden scheidet?

Zitierfähiges: «Der Narben lacht, wer Wunden nie gefühlt.» – «Es war die Nachtigall und nicht die Lerche.» – «O wackrer Apotheker! / Dein Trank wirkt schnell.»

‹Ein Sommernachtstraum›

ist ein Stück, in dem Liebe und Ehe wie üblich verschiedene Wege gehen und Naturgeister dafür sorgen, daß alle eine Nacht lang tun, was sie sich sonst nicht zu dürfen trauen. Eine Schauspielertruppe verwirrt die an sich schon sehr verworrene Handlung noch mehr. Sie probt zusätzlich die Aufführung einer klassischen Liebestragödie in dieser heißen Sommernacht.

Kurztext für Nervöse: Sehr poetisches Durcheinander.

Für Gebildete: Einfach genießen und keinen Sinn da suchen, wo es keinen gibt.

Zitierfähiges: «Das ist das wahre Beginnen unseres Endes.» – «Gut gebrüllt, Löwe!»

‹Was ihr wollt›
ist eine hastig hingeschluderte Auftragsarbeit, für die Shakespeare nur wenige Tage Zeit hatte. Verworrene Verwechslungskomödie mit Frau in Männerkleidung und den sich daraus zwangsläufig ergebenden Folgen.

Kurztext für Nervöse: Reziproke Charlys Tante aus dem 17. Jahrhundert.

Zitierfähiges: «Denn der Regen, der regnet jeglichen Tag.»

‹Der Widerspenstigen Zähmung›
handelt von einem Vater, der mit zwei Töchtern gesegnet ist, der lieblich freundlichen Bianca und der intelligenten, aber aufsässigen Katharina. Beide Mädchen sind im heiratsfähigen Alter. Da Männer, verständlicherweise, wenig Interesse daran haben, sich die Opposition ins Bett zu holen, reißen sie sich um die Bianca und machen einen großen Bogen um die renitente Katharina, die eineinhalb Akte lang nicht nur Hosen statt Röcke trägt und dem Musiklehrer die Laute über den Schädel schlägt, sondern auch sonst ständig beweist, daß ihr jegliche Ehrfurcht vor dem Herrn fehlt. Klug, wie er ist, will der schwergeprüfte Vater die Bianca erst verheiraten, wenn der Problemfall Katharina einen Mann gefunden hat. Zur großen Verblüffung aller läßt sich dann tatsächlich einer mit ihr ein, denn sie ist (im Gegensatz zu den meisten widerspenstigen Feministinnen) schön. Petruchio, ein reicher Edelmann aus Verona, will sie sogar heiraten. Welterfahren, wie er ist, weiß er, weshalb sich alle Katharinas dieser Welt so kampfeslustig geben; sie haben eine panische Angst davor, an einen sanften Softi zu geraten, der nicht einmal mit ihnen fertig wird, geschweige denn mit den Widerwärtigkeiten des Lebens. Petruchio beweist ihr sehr schnell, aus welchem Holz er geschnitzt ist. Er kommt zu spät und in zerlumpter

Kleidung zur Hochzeit, zerreißt Katharinas Kleider, läßt sie etwas hungern, und wie zu erwarten, fährt sie voll auf ihn ab. Bereitwillig hält sie die Sonne für den Mond und einen Greis für ein junges Mädchen, wenn es der Mann so will, den sie liebt. Auch Bianca darf heiraten, und Shakespeare schafft, was wir uns alle wünschen: ein Happy-End.

Kurztext für Nervöse: Macho aus Verona demonstriert, wie man Problemfrauen behandelt: Nahrungs- und Kleidungsentzug und jede Menge Psychologie! Bei schönen Frauen lohnt sich das.

Für Gebildete: Nichts Neues!

Sophokles (etwa: So-fo-kles)

lebte von 496 bis 406 v. Chr., im sogenannten «goldenen perikleischen (= pe-rik-le-ischen!) Zeitalter» von Athen, wo die sozial hilfsbedürftigen Bürger Tagegeld für Wohnung, Nahrung und Theaterbesuche vom Staat bekamen. Die Sklaverei und die Ausbeutung der Verbündeten ermöglichten diesen Luxus, in dem die Künste nun mal am besten gedeihen. Sophokles besiegte schon mit 28 Jahren den berühmten Aischylos beim Dramatikerwettbewerb, drängt den Chor in eine meist nur noch kommentierende Rolle zurück, schrieb 123 Dramen, von denen leider nur noch sieben erhalten sind. Die alten Griechen wußten, was sich gegenüber Autoren gehört! Sie verehrten Sophokles wie einen Gott.

‹Antigone› (Betonung auf der zweiten Silbe; nicht Anti-Gone!!)

ist die Geschichte einer konsequenten Humanistin, also eine traurige solche. Am Anfang erfahren wir, daß es in Theben nach dem Ableben des Königs Ödipus die üblichen Schwierigkeiten bei der Erbfolge gegeben hat. Dessen zwei Söhne Eteokles und Polyneikes haben es deswegen zum Krieg kommen lassen und sich dabei gegenseitig totgeschlagen. Notgedrungen mußte sich Kreon, der Schwager des Ödipus, auf den Thron setzen. Dort möchte er gerne sitzen bleiben, und er ordnet als erstes an, daß zwar Eteokles vernünftig beerdigt werden soll, aber nicht Polyneikes, weil der den Krach um den Thron angefangen hat. Als abschreckendes Beispiel soll sein Körper auf dem Schlachtfeld den wilden Tieren überlassen werden. Obgleich das in Gegenden, wo es wenig Brennholz und steinigen Boden gibt (z. B. Tibet, Teile Indiens) als äußerst respektable Form der Bestattung gilt, ist man in Griechenland anderer Ansicht. Vor allem Antigone, Polyneikes Schwester, ist empört. Sie geht gegen den Rat ihrer Schwester auf das Schlachtfeld und bedeckt den Körper ihres Bruders mit Erde, obwohl der neue König die Todesstrafe dafür angeordnet hat. Da Verräter niemals schlafen, wird Antigone erwischt und zu Kreon geschafft. Der ist nicht nur verärgert, sondern unsicher, denn Antigone ist, oh, welch Zufall, ausgerechnet die Verlobte seines Sohnes Haimon. In einem Gespräch unter vier Augen fordert er sie auf, ihre Tat zu bedauern und sich zu entschuldigen, aber eigensinnig, wie solche Humanistinnen sind, hat Antigone einen Dickschädel und hält ihren Verstoß gegen Kreons Gesetz für richtig. «Mitlieben, nicht mithassen ist mein Teil», erklärt sie trotzig, und jetzt kann der König nicht anders. Er läßt sie lebendig einmauern, was selbst für die damalige Zeit ziemlich unfein erscheinen muß. Auch als ihm sein Sohn erklärt, daß er Antigone in den Tod folgen wird, ändert Papa seine Anordnungen nicht, aber dann läßt ihn ein blinder Wahrsager schwankend werden. Plötzlich will er den Polyneikes sogar selbst bestatten, und Antigone soll wieder freigelassen werden. Zu spät, zu spät! – Als man die Eingemauerte wieder ausmauern will, hat sie sich schon erhängt. Ihr Verlobter rückt dem König mit dem Messer auf den Leib, aber bringt sich dann selbst um, und die Königin folgt seinem Beispiel. Ziemlich einsam beklagt am Ende Kreon sein Schicksal; er sollte sich aber lieber über seinen Dickkopf Gedanken machen!

Kurztext für Nervöse: Starrsinnige Griechin und nicht minder starrsinniger König produzieren im Teamwork wegen einer Leiche drei weitere.

Für Gebildete: Für Gebildete ist jeder Tote schon einer zuviel.

Zitierfähiges: «Vieles ist ungeheuer, nichts ungeheurer als der Mensch.»

‹*König Ödipus*›

In Theben ist die Pest ausgebrochen. Da die alten Griechen noch keine Mikroskope hatten, hielten sie noch nicht Bakterien für Seuchen verantwortlich, sondern die Götter. Im Hinblick darauf, daß ihr König Ödipus mit denen so gut kann, daß sie ihn freundschaftlich Ödi nennen, bitten sie ihn um Hilfe. Ödi schickt erst mal seinen Schwager nach Delphi, wo eine Frau namens Pythia ständig unter Drogeneinfluß steht und gegen Honorar Bittstellern erklärt, wie sie deren Probleme sieht. Auch über die Ursachen der Pest in Theben gibt sie Auskunft. Der Mord an Ödis Vorgänger, dem König Laios, sei noch nicht gesühnt. Erst wenn das geschehen sei, würde die Seuche aufhören. Obwohl ein Hellseher davor warnt, spielt Ödi Sherlock Holmes und beginnt mit der Suche nach dem Königsmörder. Dabei findet er heraus, daß am Hofe etwas ungewöhnliche Familienverhältnisse herrschen. Als Kind ist Ödi vorsichtshalber in der Wildnis ausgesetzt worden und in der Fremde aufgewachsen, aber er hat dann trotzdem seinen eigenen Vater (eben besagten König Laios) umgebracht und die eigene Mutter geheiratet. Die Mutter ist klug. Als sie merkt, worauf Ödis Recherchen hinauslaufen, bringt sie sich um. Ödi erkennt die Zusammenhänge etwas später als sie. Damit er nie wieder etwas erkennen kann, sticht er sich selbst beide Augen aus und verschwindet aus Theben. Ob die Pest daraufhin aufhört oder nicht, verrät uns Sophokles nicht.

Kurztext für Nervöse: Pestausbruch in Theben, weil dort der König den eigenen Vater umgebracht hat und mit seiner Mutter schläft.

Für Gebildete: Der berüchtigte Psychologe S. Freud war von einer Aufführung dieses Stücks so beeindruckt, daß er behauptete, jeder wolle den Vater totschlagen und mit der eigenen Mutter schlafen; der sogenannte «Ödipus-Kom-

DAS BÜHNENBILD ZUM KLASSISCHEN DRAMA

HIER HAT SICH VON FLENSBURG BIS BASEL DIE MONUMENTALE KLO-ARCHITEKTUR DURCHGESETZT, DEN ZEITGEIST AUS= DRÜCKEND UND SOGLEICH AN DEN SOGENANNTEN „EWIGEN WERTEN" UNERBITTLICH MASS NEHMEND. OBEN: KÖNIG LEHAR VON SCHÄKSPÄR. ES KÖNNTE ABER GENAU SO KÖNIG ÖDIPUBS SEIN.

plex». Mädchen, die ihre Mutter totschlagen wollen, um mit ihrem Vater schlafen zu können, haben einen «Elektra-Komplex». S. Freud hat aber weder Vater noch Mutter umgebracht; er hatte nur einen Cocain-Komplex. Und Gebildete wissen, daß es immer unklug ist, in der Vergangenheit herumzustochern.

Strindberg, August

lebte von 1849 bis 1912 und ist Skandinavier, was vieles erklärt. Weil er bei seiner ersten Rolle als Schauspieler nur einen einzigen Satz sagen durfte, unternahm er einen Selbstmordversuch, wurde aber gerettet und rächte sich mit ca. 60 Dramen am Theater. Strindberg hatte Neigung zur Schizophrenie und sein Leben lang Angst vor der Irrenanstalt. In seinen Schauspielen erklärte er seine eigenen Macken als allgemein verbreitet, sich selbst also für völlig normal, und das funktionierte einmal mehr; so sehr jede Gesellschaft Abweichungen vom sozialen Verhalten der Mehrheit fürchtet und ausgrenzt, bei Künstlern wird derlei zähneknirschend in gewissem Maße geduldet, denn wie sich die Mehrheit verhält, das ist langweilig, und Langeweile schafft selten interessante Kunst. Sofern Gebildete große Langeweile mit großer Kunst verwechseln (z. B. bei Botho Strauß) wird das immer wieder (spätestens von der nächsten Generation) korrigiert.

Spezialtip: Wie depressiv man sich auch fühlen mag, nach einem Strindberg-Stück ist man immer noch deprimierter; ein lustiger August war dieser wahrlich nicht.

Fräulein Julie

ist die Tochter eines Grafen und wird mit dem Wechsel zwischen Tag und Nacht nicht fertig. Tagsüber soll und möchte sie, wie es sich für eine Angehörige des Feudaladels gehört, herrschen und ihre Umgebung tyrannisieren. Nachts aber möchte sie als Angehörige des weiblichen Geschlechts von einem Mann in die Knie gezwungen werden und ihre Erniedrigung fühlen. Der Bedienstete Jean quält sie wie gewünscht, aber er will die sexuelle Macht, die er über sie gewinnt, als Instrument für seinen sozialen Aufstieg nutzen, was nicht gelingt. Im Gegensatz zu zahlreichen mächtigen Managern, die in Domina-Studios ihre Unterwerfung genießen, schafft es Julie nicht, ihre sexuellen Neigungen und ihre gesellschaftliche Stellung unter einen Hut zu kriegen. Sie bringt sich mit einem Rasiermesser um.

Kurztext für Nervöse: Sexuell schwer hörige Frau scheitert an stümperhafter Handhabung einer Sado-Maso-Beziehung; eine Tote.

Für Gebildete: Gebildete zerbrechen nicht an ihrer Triebstruktur, sondern genießen sie.

Zitierfähiges: «Mein Gott – war ich denn von Sinnen diese Nacht?»

‹Der Totentanz›

schildert in zwei Teilen die Choreographie der Beziehungen zwischen Eheleuten. Edgar ist mit der ehemaligen Schauspielerin Alice verheiratet, und wie das nun mal so ist, die beiden können sich nicht mehr riechen. Als Kurt, Alices Vetter, von einem langen Auslandsaufenthalt zurückkommt, fängt sie mit ihm eine Beziehung an, und Edgar regt sich so darüber auf, daß er einen Schlaganfall bekommt. Er stirbt aber nicht daran, sondern wird wieder so gesund, daß er ankündigt, vernünftig zu handeln. Er will Alice aus dem Haus befördern, sich von ihr scheiden lassen und Kurts Frau heiraten. Leider bleiben diese seine Ankündigungen, wie oft in solchen Fällen, leere Versprechungen. Kurt verläßt gekränkt das Haus, und der erste Teil des Stücks ist zu Ende.

Der zweite Teil handelt Jahrzehnte später. Edgar und Alice sind noch immer verheiratet und hassen einander noch inniger. Kurt ist nicht nur reich geworden, sondern er hat einen Sohn, der sich prompt in die Tochter von Edgar und Alice verliebt. Edgar schafft es noch, Kurt wirtschaftlich zu ruinieren, aber bei der Heirat seiner Tochter mit dem Sohn des verhaßten

Hausfreundes regt er sich so auf, daß er wieder einen Schlaganfall bekommt, diesmal aber einen, der sich gewaschen hat. Er stirbt daran. Jetzt fehlt er Alice, weil sie sich nicht mehr mit ihm streiten kann, aber das Stück endet trotzdem positiv: Die beiden jungen, frischgebackenen Eheleute wissen, wozu sie der Trauschein verpflichtet, und am Ende des Stücks hassen sie sich schon fast so wie Edgar und Alice in ihren besten Tagen.

Kurztext für Nervöse: Eheliches Glück eines alten und eines jungen Paares. Ein Toter.

Für Gebildete: Gebildete wissen, daß es mit Ehen so eine Sache ist.

Zitierfähiges: «Vielleicht beginnt das Leben, wenn der Tod kommt.»

‹Der Vater›

ist eine von nun wirklich übertriebenem Frauenhaß durchdrungene Auseinandersetzung Strindbergs mit seiner eigenen Ehefrau, die so depressiv stimmt, daß dieses Stück sensiblen Theaterbesuchern nur nach Einnahme eines starken Tranquilizers zugemutet werden kann. Von diesem Trauerspiel wird dringend abgeraten, deshalb hier nur:

Kurztext für Nervöse: Ehefrau läßt Rittmeister in die Zwangsjacke stecken; er hat Glück und stirbt beim Abtransport ins Irrenhaus.

Für Gebildete: Gebildete wissen, daß man sehr leicht ins Irrenhaus gerät, aber sehr schwer wieder rauskommt; sie sind bei der Wahl ihres Ehepartners entsprechend vorsichtig und im Ernstfall schlicht und einfach schneller, wenn es darum geht, die Einweisung des Partners zu bewerkstelligen.

Zitierfähiges: «Pfui über dich, du Satansweib, und verflucht sei dein Geschlecht!» – «Beug dich über mich, daß ich deine Brust fühle.» – «Warum haben wir uns nicht beizeiten getrennt?»

Tschechow, Anton

wurde 1860 zur Zeit des Zaren Alexander II. in Rußland geboren und starb 1904 bei einer Kur in der Schwarzwaldklinik zu Badenweiler. Er finanzierte seinen Lebensunterhalt während seines Medizinstudiums durch Kurzgeschichten, praktizierte dann aber als Arzt nur kurze Zeit an verschiedenen Krankenhäusern. Schon im Alter von 27 Jahren war er einer der meistgelesenen Prosa-Autoren im Zarenreich. Von seinen sechs Theaterstücken haben vier Dramen bis in die Gegenwart überlebt, obwohl sie verhältnismäßig handlungsarm sind. Tschechow probierte aus, ob sich die Langeweile und Enge des alltäglichen Lebens durch Langeweile auf der Bühne darstellen läßt. Dank Tschechows meisterhaftem Umgang mit der Sprache sind seine Dramen nicht schlicht und einfach, sondern sprachlich faszinierend langweilig.

Drei Schwestern

heißen Olga, Mascha und Irina und trauern in einer Provinzstadt ihrer Jugend im entschieden lebendigeren Moskau nach. Sie hoffen, daß ihr Bruder Andrej eine wissenschaftliche Karriere vor sich hat und sie wieder mit in die Großstadt nehmen wird, aber wie die Natur so arbeitet, er heiratet eine langweilige Frau und begnügt sich mit einer Bürokratenstelle in der Provinz. Das Leben der drei Schwestern tröpfelt so vor sich hin; das einzige, was passiert, ist, daß sie langsam älter werden.

Kurztext für Nervöse: Frustrierendes, nicht gelebtes Leben, aber immerhin: kein einziger Toter!

Für Gebildete ist das kein Grund für einen Theaterbesuch, denn Frust können sie zu Hause billiger haben.

Zitierfähiges: «Alles sinnlos und schal!»

‹Der Kirschgarten›
läßt am Anfang auf Freude hoffen, denn die Gutsbesitzerin Ljubow Ranjewskaja hat innerhalb von fünf Jahren das Geld ihres verstorbenen Mannes mit einem Liebhaber in Paris durchgebracht. Aber leider schildert uns das Stück nicht diese Zeit, sondern die Zwangsversteigerung ihres verschuldeten russischen Gutes. Frau Ranjewskaja und ihr Bruder Leonid hängen, wie eine Pflegetochter, sehr an dem Haus und vor allem einem schönen großen Kirschgarten. Ein Kaufmann will den Garten pachten, die Bäume abholzen und das Grundstück an Urlauber vermieten. Das lehnen die Eigentümer entrüstet ab, sie hoffen auf ein Wunder. Wie immer ereignet sich ein solches Wunder nicht. Der Kaufmann ersteigert das Gut samt Garten und läßt alle Bäume abholzen. Frau Ranjewskaja reist wieder nach Paris und wird dort den Rest ihres Geldes mit einem neuen Liebhaber verbraten.

Kurztext: Finanzielle Interessen sind auch im alten Rußland allemal stärker als das Interesse an Bäumen; deprimierende Schilderung einer Zwangsversteigerung. Kein Toter.

Für Gebildete ist klar, daß der Kirschgarten ein Symbol ist. Der erschöpfte Feudaladel wird vom Kapitalismus des aufstrebenden Bürgertums abgelöst – dem wiederum gab später die Oktoberrevolution den Rest.

‹Die Möwe›
nennt der Autor «Komödie», aber auch dieses Stück ist alles andere als lustig. Irina ist eine egozentrische Schauspielerin, die einige Tage Urlaub auf dem Gut ihres Bruders verbringt. Ihr Liebhaber ist der eingebildete Dichter Trigorin, der sich etwa so benimmt wie Günter Grass vor der Veröffentlichung seines mißglückten Romans *‹Die Rättin›*. Konstantin, der Sohn der Schauspielerin, fühlt sich auch zum Dichter beru-

fen, liebt die Nachbarstochter Nina und kann Trigorin nicht ausstehen. Aus Langeweile erschießt Konstantin eine Möwe, Trigorin macht sofort eine Erzählung daraus. Als er die vorliest, verliebt sich Nina in den alternden Dichter und wird sein Groupie. Er nimmt sie mit nach Moskau, macht ihr ein Kind, läßt sie sitzen, als es stirbt, und geht zu Irina zurück.

Zwei Jahre später treffen sich alle wieder in den Ferien auf dem Gut. Die Möwe ist ausgestopft, Nina eine schlechte Schauspielerin, aber den Konstantin will sie immer noch nicht, weil er die Langeweile des Alltagslebens in sprachlich hervorragende, langweilige Erzählungen umsetzt, die wenig Gegenliebe finden.

Sowohl als Dichter als auch als Liebhaber frustriert, entscheidet sich Konstantin für die einzig richtige Lösung seines Problems: Er erschießt sich, wie er zuvor die Möwe erschoß. Damals hatten langweilige Autoren noch Charakter.

Kurztext für Nervöse: Junger Dichter wird von Geliebter und vom literarischen Establishment doppelt frustriert. Ein Toter.

Für Gebildete stellt sich bei Tschechow immer die Frage, ob sich die Sprachlosigkeit seelischer Abläufe (= äußere Handlungsarmut bei innerer Hochspannung) für die Sprechtheaterbühne eignet. Die Antwort auf diese Frage geben von Fall zu Fall die Schauspieler und der Regisseur. Eine Tschechow-Aufführung ist für jedes Theater die Stunde der Wahrheit.

Wedekind, Frank

lebte von 1864 bis 1918, also zu einer Zeit, wo Sexualität, wenn überhaupt, nur in den Ehebetten stattfinden durfte, damit der Kaiser Soldaten für den nächsten Krieg bekam. Deswegen gab es damals in Deutschland mehr als doppelt soviel Bordelle wie heute. Wedekind studierte Jura, wurde Pressechef der Firma Maggi in Zürich und ließ sich 1908 in München als Schriftsteller nieder. Seine Stücke wurden oft sofort nach ihrer Veröffentlichung von der Zensur verboten. Seine Anhänger betrachten ihn als sozialkritischen Moralisten, seine Gegner als Erotomanen. Der einzig wahre Schauspielführer sagt wie immer, was Sache ist: Seine Stücke sind nicht langweilig und erscheinen in unserer wieder prüder werdenden Gegenwart aktuell.

‹Erdgeist›

schildert die Geschichte einer sehr sinnlichen Frau namens Lulu, die an der Schwäche höchst mittelmäßiger Männer zerbricht. Am Anfang führt ein Dompteur das sinnliche Weib vor und erklärt, daß im Umgang mit dieser Bestie ein Revolver erforderlich sei. (Für Freudianer ist die Sache klar; der Revolver als Phallus-Symbol!)

Im Folgenden erleben wir diese Superfrau in freier Wildbahn. Sie gerät an einen Redakteur, der sie an einen impotenten und eifersüchtigen Medizinalrat weiterreicht. Der will ein Portrait von ihr anfertigen lassen. Lulu verführt prompt den Maler, der Medizinalrat erwischt die beiden im Bett und stirbt vor Aufregung an einem Herzinfarkt. Lulu heiratet den Maler. Bei dem langweilt sie sich auch. Sie möchte zum Redakteur zurück, aber der hat inzwischen eine reiche Frau geheiratet und erzählt dem Maler, daß Lulu eine seiner Verflossenen ist. Der Maler wird eifersüchtig, schneidet sich die

VORURTEILE
AM BEISPIEL VON WEDEKINDS »LULU«
BESETZUNG DER »LULU« AM STAATSTHEATER IN K.
AM STADT-THEATER IN G.
AN DER PROVINZ-THEATER-BÜHNE IN O.
AM OHNESORG-THEATER IN H.
DIE BESETZUNG KANN ABER GENAU SO GUT UMGEKEHRT AUSSEHEN.
MACHEN SIE PROBE. SIE WERDEN SICH WUNDERN.

Kehle durch, und Lulu ist schon wieder Witwe. Jetzt wird sie Tänzerin, erobert den Redakteur zurück, aber als er sie endlich geheiratet hat, langweilt sie sich auch bei ihm und verführt seinen Sohn, was den Redakteur endgültig von ihr heilt. Er reicht ihr einen Revolver, mit dem sie sich erschießen soll. Ungezogen, wie sie ist, versteht sie ihn falsch; sie zieht es vor, lieber ihn zu erschießen.

Kurztext: Sinnliche Frau gerät nur an langweilige Männer und bringt sie allesamt unter die Erde. Drei Tote.

Zitierfähiges: «Ich werde von der Schule gejagt!»

‹Die Büchse der Pandora›

setzt das Stück *‹Erdgeist›* fort. Lulu ist wegen Mordes am Redakteur im Zuchthaus. Freunde holen sie raus, und sie flüchtet zusammen mit dem Sohn des von ihr erschossenen Redakteurs nach Paris. Sie heiratet ihn, langweilt sich dann schon wieder und verführt einen Grafen, der sich von ihr trennt, als sie kein Geld mehr hat. Jetzt muß sie ihren Lebensunterhalt als Prosti in London verdienen. Endlich könnte sie das Angenehme mit dem Nützlichen verbinden, aber wieder hat sie Pech. Einer ihrer Kunden erschlägt den Sohn des Redakteurs, und es gibt schon wieder Scherereien. Aber dann trifft sie endlich einen Mann, der mit seinen Potenzschwierigkeiten umzugehen gelernt hat: Jack the Ripper ersticht sie und befördert bei der Gelegenheit gleich eine Gräfin mit ins Jenseits.

Kurztext: Unersättliche Nymphomanin wird mit Hilfe eines Messers endgültig befriedigt. Drei Tote.

Für Gebildete: Gebildete Männer bedauern, daß sie so selten eine Lulu treffen und so häufig impotente Redakteure. (Wedekinds Tochter Kandidja hat später die beiden Stücke unter dem Titel *‹Lulu›* zu einem zusammengefügt.)

‹Frühlings Erwachen›

handelt von Frühlingsgefühlen junger Menschen und schildert, was eine total prüde und bigotte Gesellschaft daraus macht. Die Gymnasiasten Melchior und Moritz sind gute Freunde. Obwohl die Mengenlehre noch nicht erfunden ist, lästern beide über den Leistungsterror. Melchior ist nicht nur in Mathematik besser als Moritz, sondern er weiß auch, was die Erwachsenen unter Liebe verstehen. Jedenfalls theoretisch. Er hat ein Manuskript mit dem Titel «Der Beischlaf» geschrieben, aber weil es Beate Uhse noch nicht gibt, kann er es noch nicht drucken lassen, sondern nur seinem Freunde schenken. Als Melchior die gleichaltrige Wendla dann küssen will, läßt sie das nicht zu, besteht aber darauf, von Melchior ausgepeitscht zu werden. Er versucht das, versteht aber unter Liebe doch etwas anderes und läuft entsetzt davon. Dann bekommt Wendlas Schwester ein Kind. Wendla will endlich wissen, was Sache ist, aber Mutter kommt ihr mit dem Klapperstorch, was Melchior ausnutzt. Er verführt das ahnungslose Mädchen auf dem Heuboden. Moritz weiß zwar inzwischen mehr über die Vollendung ehelicher Liebe, aber leider noch immer zuwenig in Mathematik. Er bleibt in der Schule sitzen, bringt sich deswegen um, und als seine Lehrer in der Schultasche des Toten das Manuskript über den Beischlaf finden, fliegt Melchior auch von der Schule und landet in einer Besserungsanstalt. Das ändert nichts daran, daß Wendla schwanger ist. Ihre Mutter klärt sie noch immer nicht auf. Sie läßt eine Kurpfuscherin Alternativmedizin anwenden, die das Mädchen nicht überlebt. Es stirbt am Abtreibungsversuch. Melchior bricht aus der Erziehungsanstalt aus, eilt auf den Friedhof und sieht dort nicht nur Wendlas Grabstein, sondern hat eine unheimliche Begegnung dritter Art: Moritz steigt, den Kopf unterm Arm, aus seinem Grab und will Melchior mitnehmen. Da kommt ein vornehmer Herr in Abendanzug und Zylinder und führt den verstörten Knaben vom Friedhof ins Leben. Der Zuschauer vermutet wahrscheinlich richtig: Dieser edle Mensch ist zweifellos der Autor des Stükkes.

Kurztext für Nervöse: Plädoyer für mehr Sexualkundeunterricht in der Schule. Zwei Tote.

Für Gebildete: Stück wurde sofort von der Zensur verboten, konnte erst fünfzehn Jahre nach der Fertigstellung uraufgeführt werden – und wurde ein Sensationserfolg. Obwohl Kinder heute meist über sexuelle Vorgänge besser informiert sind als ihre Eltern, wird das Stück seltsamerweise noch immer aufgeführt. Ein richtiger Intendant darf vor nichts zurückschrecken.

Zitierfähiges: Nur der Titel: «Frühlings Erwachen».

DAS DEUTSCHE THEATER IST EINE MORALISCHE ANSTALT, EIN TEMPEL DER MUSEN, IN DEM DIE SCHÖNHEIT DER SPRACHE GEPFLEGT WIRD! IN DIESEM HAUSE WIRD NICHT LÄNGER GEKACKT, GEFICKT, GEBUMST GEPISST UND GESCHISSEN! VERSTANDEN, SIE WÜRSTCHEN ?
WUNDER BAR!.. BITTE DIE GANZE SZENE NOCHMAL VON VORN!

«Was du ererbt von deinen Vätern hast,
erwirb es, um es zu zerfetzen.»
(Hutten / Goethe / Körner)

Hamlet in Unterhosen – Das Dilemma der Regisseure

Ein erbauendes Nachwort

So groß die Sorgfalt auch ist, mit der sich der Autor dieses hervorragenden Werkes zum Nachwort durchgekämpft hat, so behutsam er gesichtet und neu gewichtet hat – der Leser weiß jetzt, was die Klassiker uns sagen wollten, aber er wird davon immer nur einen geringen Teil auf der Bühne wiederfinden. Das liegt an den Theater-Regisseuren.

So viele Regisseure es auch gibt, so verschieden sie auf den ersten Blick erscheinen mögen, es gibt im Grunde nur drei Regiestile, was am Beispiel der Jungfrau von Orleans mühelos nachzuweisen ist.

Tritt Johanna in Korsage, Strapsen, Stöckelschuhen sowie schwarzen Netzstrümpfen auf und läßt sie sich vom schon besiegten Lionel willig auspeitschen, damit der Zuschauer begreift, daß sie ihn liebt, dürfte Peter Zadek nicht weit sein. Ein Theater der prallen und grellen Sinnlichkeit, bei dem alles erlaubt ist, außer Langeweile.

Ist der Text dagegen um sämtliche Entwürfe und Vorstudien Schillers einschließlich seiner Wäscherei-Quittungen aus der Entstehungszeit des Stücks bereichert und zum «Johanna-Projekt» erweitert, dessen Aufführung achtzehn Stunden dauert, hat Peter Stein die Hand im Spiel gehabt. Intellektuelles Theater für gebildete Masochisten.

VON WEM IST DAS BERÜHMTE THEATERSTÜCK »DIE RÄUBER« VON SCHILLER, ELENDER KNABE?
VON HERRN REGISSEUR PETER VON STEIN, HERR VON SCHILLER!
WURM STERBLICHER!
HAUMROTH

Claus Peymann geht den dritten Weg. Bei ihm dürfte Johanna, um die revolutionäre Komponente herauszuarbeiten, einen Palästinenser-Feudel (= Putzlappen) als Kopftuch tragen und die eigentlichen Urheber ihres Untergangs beim CIA sitzen. Politisches Theater, das gesellschaftliche Zusammenhänge und Hintergründe herauszuarbeiten sucht.

In der Provinz werden diese drei Stile mehr oder weniger nachgeahmt oder zu einer Inszenierung nach Art der Maggi-Würze vermengt. Wenn dem Regisseur nichts Besseres einfällt, wird im Text nur der größte Teil gestrichen, damit der Abend nicht zu lang wird.

Aufmerksame Leser werden sich jetzt verblüfft fragen, warum sich die Regisseure dann nicht andere Stücke aussuchen oder sich ihre Stücke selber schreiben. Diese Frage ist unhöflich. Erstens gibt es kein Theaterstück, das nicht geändert werden müßte, zweitens wehren sich lebende Autoren gegen Änderungen, drittens will das Publikum seine Klassiker, und viertens ist da noch die Sache mit der Tantieme.

Jedes Theaterstück ist nach dem Tode seines Autors weitere 70 Jahre geschützt. Theater müssen 10 bis 12 Prozent der Eintrittsgelder an die Inhaber der Aufführungsrechte zahlen. Das klassische Kulturerbe ist meist frei. Jeder darf es nicht nur bearbeiten, wie er will, sondern er wird für diese (manchmal) geistige Leistung auch noch bezahlt. Der Bearbeiter eines Stücks erhält 5 Prozent der Eintrittsgelder. Zur Ehre der bedeutenden Regisseure muß gesagt werden, daß sie a) viel zu sehr Künstler sind, b) genug Geld verdienen und c) in viel zu chaotischen Finanzverhältnissen leben, um wegen der 5 Prozent Honorar zu bearbeiten. Die Provinz-Regisseure sind es, die des Geldes wegen die Stücke verhunzen – die anderen bearbeiten aus Prinzip.

«Ein Theaterabend», so Kenneth Tynan, «ist grundsätzlich ein Weg, zwei Stunden im Dunkeln zu verbringen, ohne sich zu langweilen.»

Das jeweils aufgeführte Stück ist also nur ein Vorwand. Der eigentliche Sinn des Unternehmens ist, den Zuschauer zu unterhalten. Obwohl es den Klassikern zu Recht geschieht, daß unsere Regisseure mit den Texten machen, was sie wollen, weil auch die Goethes und Schillers aus Mythen und Sagen (und Stücken von Kollegen) Honig saugten – nirgends wird verbissener bearbeitet als bei uns.

Der Vollständigkeit halber sei erwähnt, daß es in theaterkulturell unterentwickelten Ländern (etwa England, Frankreich, Italien) noch immer geschieht, daß Regisseure ihren ganzen Ehrgeiz auf möglichst werkgetreue Inszenierungen richten, aber sie zahlen dafür einen hohen Preis. Sie treten völlig unauffällig in den Hintergrund, wollen nur das Stück ins Rampenlicht rücken und nicht sich selbst, und deshalb werden sie nie richtig berühmt. Hierzulande ist das gottlob anders, aber auch wenn das manchem nicht gefällt: Wir müssen unser Theater lieben, denn wir haben nun einmal kein anderes.

Seinem Publikum, seinen Schauspielern und seinen Regisseuren ist dieses Werk gewidmet.

Anhang: Das einzig wahre Fachwörterverzeichnis

Akt = Urspr. Teil eines Bühnenstücks; wird heute meist durch eine mehr oder weniger ungeordnete Bilderfolge ersetzt.

Allegorie = Darstellung abstrakter Begriffe wie Liebe, Hoffnung und vor allem Tod pp. durch Schauspieler; Kitsch.

Applaus = Beifall des Publikums durch Händeklatschen, Pfeifen und auf die Bühne geworfenes Gemüse. Angebl. Brot des Künstlers.

Autor = Verfasser eines Stücks, Anreger für Regisseure.

Bühnenbild = Darstellung von Schauplätzen durch bildende Künstler, die meist besser Anstreicher geworden wären. (Ausnahmen wie Minks oder Uecker bestätigen die Regel.)

Chargenspieler = Darsteller, die nur Nebenrollen bekommen sollten, aber oft Hauptrollen spielen dürfen.

Dramaturgie = Regeln, nach denen spannende Stücke gebaut werden können; heute völlig vergessen.

Dramaturg = Kaffeekoch bzw. -köchin des Oberspielleiters.

Eiserner Vorhang = Techn. Einrichtung, die verhindern soll, daß Feuer von der Bühne auf die Zuschauer überspringt. Heute meist unsichtbar.

Ensemble = Gesamtes künstlerisches Personal eines Theaters. Wird immer dann rausgeschmissen, wenn ein neuer Intendant ein Theater übernimmt.

Ensemble-Spiel = Teamwork aller Darsteller ohne dünkelhaftes Hervortreten von Stars; heute nicht mehr üblich.

Epigone = Zeitgenössischer Klassiker; oft Goethe-Darsteller.

Fabel = Ursprünglicher Inhalt eines Stücks, durch dessen Verstümmelung ein Regisseur berühmt wird.

Fiasko = Vom Publikum und der Kritik immer zu Unrecht völlig mißverstandene Inszenierung.

Fragment = Urspr. unvollendetes Stück; heute das, was der Regisseur aus einem vollendeten Stück macht.

Improvisation = Text eines Darstellers, der den vom Autor geschriebenen vergessen hat.

Inszenierung = Realisation eines Stücks, also Verkehrung von dessen Aussage in das genaue Gegenteil der Intentionen des Autors.

Intendant = Theaterdiktator, der leider meist nicht nur verwalten, sondern auch inszenieren will. Wenn er mit mehreren Theatern spielen darf, meist Generalintendant.

Komödie = Absichtlich oder unfreiwillig lustiges Stück.

Komparserie = Darsteller, die keinen Text auf der Bühne sprechen dürfen, sondern nur Gegenstände über dieselbe tragen.

Konzeption = Vorstellungen bzw. Ideen bei Inszenierung; heute häufig nicht mehr üblich.

Kothurn = Schuh mit extrem dicker Sohle, der winzige Schauspieler und Regisseure größer erscheinen lassen soll.

Kritiker = Über Theater schreibender Journalist, der davon überzeugt ist, in Wirklichkeit zum Regisseur berufen zu sein.

Maskenbildner = Eingebildete Bühnenfriseure und -visagisten.

Mimik = Verzerrung von Schauspielergesichtern. Auch «grimassieren».

Monolog = Selbstgespräch eines Schauspielers oder (kopfschüttelnden) Kritikers.

Parodie = Nachträgliche Verbesserung von Theaterstücken durch Satiriker.

Premiere = Erste Aufführung einer Inszenierung vor wehrlosen Zuschauern.

Regie = Realisation eines Stücks auf der Bühne bzw. dessen Veränderung bis zur Unkenntlichkeit.

Requisiten = Gegenstände, die bei Aufführungen von Schauspielern benutzt werden, damit sie von ihnen ablenken.

Rezension = Entdeckung und öffentliche Bekanntgabe der von Regisseuren und Schauspielern an einem Stück begangenen Verbrechen.

Rolle = Vom Regisseur neu geschriebener Text, den die Schauspieler an Stelle des vom Autor geschriebenen Textes sprechen müssen.

Simultan-Bühne = Gleichzeitiges Spielen mehrerer Szenen an mehreren Schauplätzen zur völligen Verwirrung des Zuschauers.

Souffleur = Vorflüsterer von Texten für vergeßliche Schauspieler.

Tragödie = Urspr. ernstes Stück, heute jede Aufführung eines Provinz-Theaters.

Uraufführung = Erste und meist letzte Inszenierung eines neuen Stücks eines zeitgenössischen Autors.

Vorhang = «Vierte Wand» der Guckkastenbühne zwischen ihr und dem Zuschauerraum. Solange er geschlossen bleibt, kann sich das Publikum ziemlich sicher fühlen.

Inhalt

Zwischen Fiesco und Fiasko
Ein erhebendes Vorwort 5

Aischylos
Die Perser 9
Aristophanes
Der Frieden 11 · Lysistrata 12
Die Vögel 12
Beaumarchais
Der Barbier von Sevilla 15
Der tolle Tag oder Figaros Hochzeit 16
Büchner
Dantons Tod 18 · Leonce und Lena 19
Woyzeck 20
Euripides
Medea 21
Goethe
Egmont 24 · Faust I 26
Götz von Berlichingen 30
Iphigenie auf Tauris 31 · Torquato Tasso 33
Gogol
Der Revisor 35
Goldoni
Mirandolina 36
Grillparzer
Weh dem, der lügt 37
Hauptmann
Der Biberpelz 39 · Fuhrmann Henschel 40
Die Ratten 42 · Rose Bernd 42
Vor Sonnenaufgang 43 · Die Weber 43

Hebbel
Judith 45
Ibsen
Gespenster 47 · Hedda Gabler 48
Nora 49 · Peer Gynt 51
Kleist
Amphitryon 53
Das Käthchen von Heilbronn 55
Penthesilea 56
Prinz Friedrich von Homburg 57
Der zerbrochene Krug 58
Lessing
Emilia Galotti 60 · Minna von Barnhelm 61
Nathan der Weise 62
Molière
Der eingebildete Kranke 64 · Der Geizige 66
Der Menschenfeind 67 · Tartuffe 68
Nestroy
Der Talisman 70
Schiller
Don Carlos 73 · Die Jungfrau von Orleans 75
Kabale und Liebe 78 · Maria Stuart 79
Die Räuber 79
Die Verschwörung des Fiesco zu Genua 81
Wallenstein 82 · Wilhelm Tell 84
Scribe
Das Glas Wasser 86
Shakespeare
Antonius und Cleopatra 87 · Hamlet 89
Der Kaufmann von Venedig 92
König Lear 93 · Macbeth 94
Othello 94 · Romeo und Julia 95
Ein Sommernachtstraum 96

Was ihr wollt 97
Der Widerspenstigen Zähmung 97
Sophokles
Antigone 99 · König Ödipus 101
Strindberg
Fräulein Julie 104 · Der Totentanz 105
Der Vater 106
Tschechow
Drei Schwestern 107 · Der Kirschgarten 108
Die Möwe 108
Wedekind
Erdgeist 110 · Die Büchse der Pandora 112
Frühlings Erwachen 113

Hamlet in Unterhosen –
Das Dilemma der Regisseure
Ein erbauendes Nachwort 116

Anhang:
Das einzig wahre Fachwörter-Verzeichnis 120

www.tvspielfilm.de
Wir lesen was,
was Du nicht liest!
TV SPIELFILM
Alle Filme mit
TV SPIELFILM holen.
Nur das Beste sehen.